AF379666

La empresa emergente, la confianza y los desafíos de la transformación

Diseño de tapa:
DCM DESIGN

RAFAEL ECHEVERRÍA

La empresa emergente, la confianza y los desafíos de la transformación

GRANICA

BUENOS AIRES - BARCELONA - MÉXICO - SANTIAGO - MONTEVIDEO

ARGENTINA
Ediciones Granica S.A.
Lavalle 1634 3º G / C1048AAN Buenos Aires, Argentina
Tel.: +54 (11) 4374-1456 Fax: +54 (11) 4373-0669
granica.ar@granicaeditor.com
atencionaempresas@granicaeditor.com

MÉXICO
Ediciones Granica México S.A. de C.V.
Valle de Bravo Nº 21 El Mirador Naucalpan - Edo. de Méx.
53050 Estado de México - México
Tel.: +52 (55) 5360-1010 Fax: +52 (55) 5360-1100
granica.mx@granicaeditor.com

URUGUAY
Ediciones Granica S.A.
Scoseria 2639 Bis
11300 Montevideo, Uruguay
Tel.: +59 (82) 712 4857 / +59 (82) 712 4858
granica.uy@granicaeditor.com

CHILE
granica.cl@granicaeditor.com
Tel.: +56 2 8107455

ESPAÑA
granica.es@granicaeditor.com
Tel.: +34 (93) 635 4120

www.granicaeditor.com

Echeverría, Rafael
    La empresa emergente : la confianza y los desafíos de
la transformación. - 1a ed. 10a reimp. - Buenos Aires :
Granica, 2013.
    160 p. ; 22x15 cm. - (Management)

    ISBN 978-950-641-301-9

    1. Administración de Empresas. I. Título
CDD 658.401 2

A Alicia, compañera de sueños

ÍNDICE

LA CONFIANZA

PRÓLOGO

El Dr. Rafael Echeverría es sociólogo de formación y filósofo de vocación. Pero fundamentalmente es un empresario y un consultor dedicado a la formación de recursos humanos y a la intervención en procesos organizacionales. Socio fundador y presidente de Newfield Consulting, ha dedicado sus esfuerzos a construir una forma nueva y más poderosa de hacer empresa, basada en el papel que desempeñan las conversaciones en el ámbito organizacional.

El Instituto Tecnológico y de Estudios Superiores de Monterrey (ITESM), de México, con más de cincuenta años de formar profesionales con alto grado de desempeño en sus campos de especialidad, ha manifestado en su misión la determinación de formar personas comprometidas con el desarrollo de sus comunidades para mejorarlas en lo social, en lo económico y en lo político. Fue esta concepción novedosa de formación e intervención que ofrece el hoy presidente de Newfield Consulting la que hace algunos años hizo al ITESM, en particular a la Rectoría Zona Centro, asociarse a Newfield Consulting, atraído por su original concepción del lenguaje y su metodología práctica. Iniciamos juntos un ambicioso proyecto de capacitación de personal de los campus de la Rectoría Zona Centro en los distintos programas y talleres de Newfield. Incluso fuimos más allá, coparticipando con Newfield en el diseño de programas enfocados específicamente a ayudar a los profesores del sistema a enfrentar mejor la ambiciosa estrategia de rediseño de su práctica docente así como a replantear las prácticas de trabajo académico en general.

Las experiencias han tenido resultados positivos. Por un lado, una red más eficaz y efectiva de relaciones interpersonales, una mejora en el ambiente organizacional y un desarrollo de interacciones basadas en la confianza y el compromiso crecientes. Por otro lado, el replanteamiento del proceso pedagógico como un proceso conversacional, una redefinición de la ética y la responsabilidad del maestro y una conceptualización más práctica de las habilidades, actitudes y valores objeto del rediseño pedagógico. Ambos procesos de formación y capacitación se han basado en ese concepto distinto de la persona humana y las organizaciones que promueve el autor de este libro y que lo preocupa permanentemente.

Es posible concebir sus dos anteriores obras, ambas en su segunda edición, como trabajos independientes. Pero también es posible considerarlas como esfuerzos tendientes a un mismo fin, partiendo desde una postura filosófica y ética que plantea una nueva interpretación del ser y quehacer humanos. Sus obras arrancan de la reflexión filosófica acerca de las condiciones generales de la existencia humana, al tiempo que nos acercan a una concepción ética del ser humano como ente fundamentalmente constituido en y a través del lenguaje.

Esta obra lleva su novedosa interpretación del hombre un paso más allá. El blanco de su reflexión es ahora el ser humano organizado, trabajando en colectividad, colaborando junto a sus similares, en esa peculiar y característica unidad de trabajo que llamamos empresa u organización. La concepción del poder transformador del lenguaje que estructura la coordinación de acciones con otros es ahora vista como un conjunto de competencias conversacionales, que es imperativo analizar y adquirir para poder

entender el carácter del trabajo no manual, base y sustento de las organizaciones actuales. Mediante el estudio de
las organizaciones tradicionales, pone de manifiesto no sólo la necesidad de evolución de las mismas, sino que proporciona y analiza los lineamientos de la empresa emergente, modelo organizacional de la era del conocimiento.

En organizaciones que cada vez más se orientan hacia
la participación, la autogestión y el trabajo en equipo, entender el trabajo no manual como una red de conversaciones que se constituyen en una interrelación de lenguaje y
emociones implica un marco teórico único para entender
las relaciones entre los individuos en el interior y exterior
de dichas organizaciones. De ese marco teórico se derivan
una serie de herramientas que el gerente y el directivo
pueden aplicar para incidir de forma directa en la productividad del trabajador no manual, enriqueciendo el ambiente de trabajo y propiciando un mayor bienestar para
las personas. De ahí la importancia de este libro, en el que
el autor sugiere hacer para el trabajo no manual lo que
Frederick Taylor hiciera por el trabajo manual, al desagre-
garlo en movimientos y tiempos con objeto de poder evaluarlo e intervenir en él, al tiempo que avanza el planteamiento de Peter Drucker sobre el trabajo basado en conocimiento.

Comprender los componentes de una conversación y
sus tipologías permite al directivo reconocer en otros y poner en práctica él mismo esas competencias para participar en conversaciones que sean efectivas y exitosas. Pero
no sólo eso, sino que le posibilita utilizar el poder de las
conversaciones para abrir y gestionar nuevos espacios,
crear horizontes distintos y expandir posibilidades, pues el
hecho de diseñar conversaciones productivas puede ser la
habilidad más importante para una organización que tiene como tarea principal la inserción en un mercado altamente globalizado, multicultural y flexible. Es entonces

cuando la coordinación de acciones entre sus integrantes se vuelve uno de los principales activos de una organización. No es ya posible ser competitivo concibiendo al ser humano como una máquina sofisticada y a sus actividades sólo como tareas y procesos, pues se corre el riesgo de limitar la creatividad y la iniciativa, fuentes de indudable poder en las organizaciones de principios del siglo XXI.

En forma paralela, el Dr. Echeverría aborda los desafíos de transformación que deben enfrentar las organizaciones y las dificultades que ellos implican. Es categórico al enfatizar que la empresa tradicional ha muerto, y que, a pesar de que respondió en forma eficaz a los retos y condiciones que la hicieron surgir, esos retos y condiciones ya no existen más. Seguir respondiendo a retos nuevos con estructuras viejas coloca a las organizaciones de hoy en riesgo de desaparecer como tales. Reflexionar sobre mecanismos de regulación que ya no descansan sobre el mando y el control sino sobre la autonomía responsable, y fijar la atención sobre claves de productividad que ya no descansan sobre el estudio de tiempos y movimientos sino en la maestría en el ejercicio de competencias conversacionales, es una tarea imperativa a emprender por los directivos para garantizar no sólo el éxito, sino la supervivencia misma de sus organizaciones.

En esta obra, el autor retoma el marco ético que lo caracteriza. Si bien la palabra, más que la destreza física, es el fundamento del trabajo en las organizaciones, la confianza, en lugar del miedo, se convierte en la emocionalidad que regula las interacciones entre los individuos en el nuevo modelo organizacional que analiza. El control social de los intercambios entre individuos exige la confianza como parámetro por el cual se rigen las relaciones y los intercambios sociales. La integración de equipos de seres humanos con base en la supervisión directa, la jerarquía y las normas y procedimientos estandarizados resulta poco efectiva. En cambio la confianza, como opuesta a la fuerza y el control, reduce la vulnerabilidad y el sentimiento de inseguridad e incertidumbre en las transacciones entre los seres humanos, incrementando el optimismo y el bienestar, e impactando positivamente en la productividad. Una empresa en constante transformación requiere que sus miembros operen y se relacionen entre ellos con una alta dosis de confianza. El efecto que el hablar, el escuchar, el manejo de la información, la toma de decisiones y el cumplimiento de promesas tienen sobre la construcción de confianza es inmenso.

Es un hecho trascendente y significativo, entonces, que esta obra salga al mercado a principios de este nuevo milenio, justo cuando las organizaciones se orientan hacia ser más planas, con menor jerarquía y mayores niveles de autonomía. El hecho de descender en los niveles de decisión y eliminar mandos intermedios sólo es posible sobre la base de la integración de equipos de alto rendimiento, que rompan las barreras tradicionales de mando y permitan el aprendizaje colaborativo. Los equipos de trabajo, en las organizaciones de principios del siglo XXI, constituyen la base social para el desarrollo personal y profesional del ser humano, así como para la ventaja competitiva de las organizaciones de las cuales forman parte.

Crear un contexto adecuado a los nuevos retos no es sencillo. Creemos que el autor sienta las bases para avanzar hacia nuevos desafíos, para comprender la necesidad del desarrollo de nuevas capacidades y para moverse hacia una creciente flexibilización organizacional. Plantea la modificación de algunas hipótesis rectoras que han formado parte de nuestra historia empresarial, se aleja del concepto de recurso humano y vuelve a pensar a la persona como eje y objetivo fundamental de la organización. El mejor activo de las organizaciones son las personas que trabajan allí. Es preciso trabajar con ellas y sus actitudes antes que sobre las estructuras o sistemas. El cambio no es sencillo. Requiere de un cambio de mentalidad para creer, confiar, ceder, organizarse, delegar y comprometerse. Este libro apunta precisamente en esa dirección.

Es por todo esto que hoy celebramos con el Dr. Echeverría y con Newfield Consulting la aparición de *La empresa emergente, la confianza y los desafíos de la transformación*. Sin temor a equivocarnos, sentimos que una parte de este texto ha sido producto de nuestra fructífera colaboración durante los últimos diez años.

ING. EDUARDO DE LA GARMA T.
Director del Centro
de Aprendizaje y Enseñanza
de la Zona Centro del ITESM

ING. LUIS CARAZA T.
Rector de la Zona Centro
del ITESM.

LA EMPRESA EMERGENTE Y LOS DESAFÍOS DE LA TRANSFORMACIÓN

Hacia una conversación figurada con Peter Drucker

INTRODUCCIÓN

EL DOBLE CARÁCTER DE LA TRANSFORMACIÓN

Toda empresa reconoce, hoy en día, la importancia y la necesidad de la transformación. Toda empresa sabe que si no se transforma compromete su supervivencia. La consigna pareciera ser "transformarse o morir". Este desafío suele generar gran tensión, angustia e incertidumbre en todo el personal de la empresa. Sin embargo, es en sus niveles directivos donde se siente con mayor fuerza esta presión, pues se tiene conciencia de que lo que está funcionando en el presente no será suficiente en el futuro.

La tensión resulta, en gran parte, del hecho de que quienes dirigen la empresa suelen no tener claro el sentido de la transformación: cuál es el camino a tomar y adónde hay que llegar. Ello implica que muchas veces los directivos se ven comprometidos en proyectos de transformación sin una agenda clara, lo cual aumenta la incertidumbre. Internamente, sin embargo, esta misma incertidumbre debe ser ocultada pues se requiere dar la impresión de seguridad con respecto a los lineamientos de transformación entregados al resto de la empresa. En su fuero interno, sin embargo, el directivo sabe que está dando "palos de ciego".

¿Cómo orienta el directivo sus acciones de transformación? En lo fundamental, siguiendo las modas, aplicando lo que está en uso, lo que están haciendo los demás y observando muy de cerca lo que hace la competencia. Ello ha dado lugar a una sucesión de transformaciones diversas. Se ha pasado de los programas de gestión de calidad total al *benchmarking,* a la reingeniería de procesos, a la gestión de conocimiento. Se han efectuado importantes inversiones en sofisticados y costosos paquetes de tecnología de información. En vano.

Cada una de estas intervenciones ha dejado atrás una secuela de frustraciones. Cada nueva moda se presenta como el remedio frente a males que las anteriores fueron incapaces de resolver, para luego añadir una frustración adicional y desplazar la mirada hacia una alternativa diferente. El directivo comienza a sospechar que quizás tan pobres resultados se deban al carácter de su propia empresa o de su propia gestión. No siempre se percatan de que esta misma experiencia suele repetirse en todas partes. Ello genera una situación contradictoria: por un lado, está el imperativo ineludible de la transformación; por otro lado, sus resultados insatisfactorios. ¿Qué hacer? De ello es precisamente de lo que queremos preocuparnos. El propósito de este trabajo es iniciar una reflexión que nos permita dilucidar las coordenadas básicas que orientan las necesidades de transformación.

El doble carácter de la transformación

Creemos importante reconocer que el imperativo de la transformación surge de dos requerimientos diferentes. El primero de ellos apunta a la necesidad de toda empresa de adecuarse a los cambios de su entorno y de introducir los últimos avances en sistemas y procedimientos capaces de incrementar su desempeño, competitividad y rentabilidad. Toda empresa debe observar constantemente lo que acontece fuera de sí, revisando su relación de adecuación con su entorno e incorporando todo nuevo desarrollo que le permita incrementar su efectividad en el cumplimiento de sus objetivos. Desde este punto de vista, la transformación es un imperativo permanente de toda empresa.

Así concebida, la transformación se nos presenta como un proceso lineal y acumulativo, como si ella no involucrara una ruptura. Los nuevos cambios se añaden a los anteriores y así sucesivamente, produciendo un proceso abierto de transformación empresarial. La empresa que así se transforma conserva durante el mismo proceso ciertos patrones organizativos básicos. La transformación se lleva a cabo en el interior de un **modo particular** de hacer empresa. Es aquel modo particular de hacer empresa el que registra diversas transformaciones estructurales, sin que por ello se pierdan sus rasgos característicos fundamentales. Se trata de una transformación que se caracteriza por conservar el modo de hacer empresa.

Diferente es el caso cuando lo que se cuestiona y lo que busca transformarse es precisamente tal modo particular de "hacer" empresa. Allí surgen requerimientos de transformación muy diferentes. Ya no se trata de un proceso lineal y acumulativo. Esta transformación conlleva rupturas. Si lo que se cuestiona es precisamente el modo de hacer empresa que caracteriza a una determinada organización, las transformaciones puntuales y acumulativas serán insuficientes. El carácter de la transformación requerido en tal caso es muy diferente e involucra una profundidad mayor. No puede ser resuelto con la misma medicina.

En otras palabras, una empresa que requiere rediseñar su modo básico de organización no puede esperar tales resultados a través de la aplicación sucesiva de programas parciales de transformación, de acuerdo con las modas del mercado. La aplicación de tales programas será incapaz de resolver los problemas que con mayor intensidad aquejan a la empresa. Tales programas no responderán a los requerimientos más profundos de transformación, a menos que se inscriban en los nuevos criterios de organización que presionan por sustituir un modo ya obsoleto de hacer empresa.

De allí que sea necesario distinguir con claridad estas dos líneas diferentes de transformación. Los desafíos de la transformación no son siempre los mismos y no pueden ser confundidos. Sostenemos que gran parte de la frustración que resulta de la aplicación de muchos programas de transformación, es consecuencia de una confusión entre estos requerimientos diferentes. Ni los programas que se aplican logran muchas veces tocar los problemas de fondo, ni los directivos que los contratan logran percatarse de que el tipo de transformación que hace falta es diferente al de los programas contratados.

CAPÍTULO 1

NACIMIENTO Y CRISIS DE LA EMPRESA TRADICIONAL

La empresa tradicional está en crisis

El modo tradicional de hacer empresa que prevaleció durante gran parte del siglo XX, ya no funciona. Luego de haber permitido el más espectacular desarrollo empresarial conocido en la historia, este modo de hacer empresa muestra signos inequívocos de agotamiento y exhibe su incapacidad para sustentar sostenidamente el desarrollo empresarial del futuro.

¿Qué ha pasado? Luego de haber servido a la expansión del quehacer empresarial en el mundo y haber expandido la capacidad productiva de las empresas, la estructura organizativa de la empresa tradicional se ha transformado en obstáculo para su desarrollo. De factor impulsor que fuera en sus inicios, el tipo de organización que caracteriza a la empresa tradicional se ha convertido en factor limitante, obstruyente de sus posibilidades.

Permítasenos a estas alturas introducir un postulado que consideramos central en nuestra argumentación:

Todo modo de hacer empresa representa un tipo particular de organización empresarial que se establece con el objetivo de potenciar y expandir la capacidad productiva del trabajo y facilitar su capacidad de generación de valor.

La empresa tradicional surge de esa manera. Ella representa precisamente un tipo de organización empresarial que contribuye a alcanzar un aprovechamiento máximo de la capacidad productiva del trabajo tras el objetivo de incrementar su capacidad para generar valor. Y si sostenemos que la empresa tradicional está en crisis, ello obedece al hecho de que, en vez de cumplir esta función potenciadora que le diera nacimiento, ella se ha convertido en su opuesto: en una traba a la capacidad productiva del trabajo. Ya quedará claro en el curso de este trabajo por qué sostenemos esto.

Uno de los rasgos característicos que enfrentamos hoy en día frente a la crisis de la empresa tradicional es la ausencia de una alternativa organizativa coherente capaz de sustituirla. Al no existir una alternativa clara de sustitución de la empresa tradicional, es comprensible que confundamos las dos modalidades de transformación que hemos reseñado anteriormente. Pareciera que la única alternativa de transformación, y la única que puede resolver los profundos problemas que exhibe el modo tradicional de organización de la empresa, fueran los diversos programas de transformación que hoy encontramos en el mercado. No es así. La crisis de la empresa tradicional requiere de alternativas de transformación que todavía no han sido siquiera diseñadas.

Ello le confiere a esta particular coyuntura histórica un rasgo muy especial, que nos recuerda lo que escribió Marguerite Yourcenar en sus cuadernos de notas mientras componía su libro *Memorias de Adriano*. A partir de la lectura de una nota de Flaubert, ella señala que al emperador Adriano le correspondió vivir en una época caracterizada por un gran vacío, que exigía de los hombres, y muy particularmente de sus gobernantes, lo que otras épocas nunca habían exigido. Ello se debía, nos señala Marguerite Yourcenar, al hecho de que en la Roma de la época de Adriano los dioses de la antigüedad se habían extinguido y Cristo todavía no existía. Esta situación dejaba a los hombres con grandes responsabilidades sobre sus hombros, pues debían ser capaces de generar un sentido de vida y una dirección en sus acciones que en épocas pasadas eran provistas por los dioses.

Podemos señalar que el debate empresarial de hoy confronta a los empresarios con un desafío similar al apuntado por Marguerite Yourcenar, creando un gran vacío. La empresa tradicional ha muerto y todavía no ha nacido el tipo de empresa que la reemplazará.

El nacimiento de la empresa tradicional

Antes de examinar el carácter de la crisis empresarial actual y sus eventuales salidas, creemos conveniente hacer un poco de historia y examinar la manera como se origina la empresa tradicional. Al hacerlo, buscamos cumplir con dos objetivos diferentes. En primer lugar, ello nos permitirá comprobar cómo la empresa tradicional valida el postulado que hemos enunciado y que relaciona la estructura organizativa con la productividad del trabajo. Habiendo sostenido que todo modo de hacer empresa es una forma de potenciar la productividad del trabajo y su capacidad de generar valor, resulta importante examinar de qué manera este problema se resolvió en el caso de la empresa tradicional.

En segundo lugar, este recorrido nos será de utilidad para buscar salidas a la crisis actual. Algunos desafíos que, desde un punto de vista formal, enfrentó en el pasado el nacimiento de la empresa tradicional se presentarán en un contexto distinto en el nacimiento de la nueva empresa emergente. Por lo tanto, comprobaremos que la historia de la empresa tradicional nos entrega lecciones de gran utilidad para el presente. Pero ello nos obliga a hacer un breve recorrido histórico antes de enfrentar nuevamente el tema de la crisis de la empresa tradicional.

El modo tradicional de hacer empresa se origina en la contribución efectuada por un hombre para resolver el problema de la productividad del trabajo manual, aquel tipo de trabajo que, a comienzos de siglo, representaba el sustento de la gran mayoría de las actividades productivas. En aquel entonces nadie ponía en duda la preponderancia del trabajo manual. Éste no sólo era el tipo de trabajo más numeroso; era también el trabajo que contribuía en forma determinante a la generación de valor. Ello se expresaba hasta tal punto que muchas veces, en la literatura económica de la época, se confundía el trabajo en general con el trabajo manual.

Quien resolvió el problema de la productividad del trabajo manual fue Frederick W. Taylor (1856-1915). Peter Drucker nos reitera que Taylor fue uno de los más sobresalientes forjadores del siglo XX. Pocas personas tendrán la influencia que durante el siglo XX alcanzara Taylor.

¿Qué hizo Taylor?

La contribución de Taylor es simple y se resume en dos operaciones diferentes. La primera operación (y la más importante) fue examinar el trabajo manual. Nadie ponía en duda que la fuente de su productividad era la *destreza física* del trabajador. En efecto, el trabajo manual descansa en la capacidad energética del trabajador. Es precisamente aquí donde Taylor demuestra su mayor genialidad. Él reconoce que, si quiere resolver el problema de la productividad del trabajo manual, no puede quedarse en la noción de destreza física. De quedarse en ese nivel, no le hubiera sido posible resolver el problema de la productividad. Ello no implica poner en cuestión la noción de destreza física o incluso disputar el hecho de que ella es el soporte del trabajo manual. Pero Taylor observaba que, de mantenerse en el nivel de dicha noción, no se lograría dar solución al problema de la productividad. Para hacerlo era necesario trascender la noción de destreza física.

Y eso es lo que hizo Taylor. Su primera operación consistió precisamente en desagregar este concepto en dos componentes: movimientos y tiempos. Al hacerlo, pudo observar fenómenos que sólo la noción de destreza física no le permitía. Ahora disponía de dos dominios específicos que se abrían tanto al diseño como a la intervención. Le era posible examinar el tipo de movimientos que realizaba el trabajador manual y examinar también el tiempo en el que los ejecutaba. Le era también posible rediseñar esos movimientos y tiempos de manera de garantizar incrementos en la producción para una misma unidad de tiempo. Taylor había resuelto cómo hacer más productivo al trabajador manual. Su primera operación fue tan simple que ella misma oscurece el carácter magistral de su contribución.

Esta desagregación de la destreza física en movimientos y tiempos, sin embargo, no la puede hacer el obrero, el trabajador manual. Debe hacerla el ingeniero. El obrero no está en condiciones de efectuar el diseño que realiza el ingeniero. Para asegurar que la productividad del trabajo se alcance, Taylor debe, por lo tanto, establecer una separación radical entre la actividad de ejecución del trabajo, realizada por el obrero, y la actividad de diseño, realizada por el ingeniero. En sus palabras, debe separar músculo y mente, destreza física y pensamiento. Ésta es su segunda operación de importancia.

La responsabilidad del obrero debe limitarse a ejecutar lo que se le instruye. Es responsabilidad del ingeniero diseñar lo que éste debe hacer y cómo debe hacerlo. El obrero debe limitarse estrictamente a hacer lo que se le ordena; bajo ninguna condición se le permite pensar. Es más, se le paga por no hacerlo. Pensar es una prerrogativa del ingeniero.

Taylor nos reitera esta posición con sus propias palabras:

"En nuestro esquema, no les pedimos iniciativa a nuestros hombres. No deseamos iniciativa alguna. Todo lo que queremos de ellos es que obedezcan las órdenes que les impartimos, que hagan lo que les decimos y que lo hagan rápido".

O bien, dirigiéndose directamente a los trabajadores:

"A ustedes los tenemos por su fuerza y habilidad mecánica, les pagamos a otros para que piensen".

En la propuesta de Taylor es importante advertir, sin embargo, un aspecto que será decisivo en la evolución del quehacer empresarial posterior. El factor clave en su revolución de la productividad del trabajo resulta ser el conocimiento del ingeniero y no el trabajo físico del obrero, donde se aplica el conocimiento del ingeniero. Aunque el trabajo físico juega un papel decisivo en el proceso productivo, comenzamos a apreciar la importancia creciente del conocimiento.

Es el ingeniero quien en su mesa de diseño debe establecer las relaciones óptimas entre movimientos y tiempos. Una vez que se ha establecido esa optimización, el objetivo es entonces la *estandarización* de todos los trabajos manuales individuales a la norma por él elaborada. Ello implica que el trabajador manual no dispone de espacio alguno para desviarse de la norma, para imprimirle a su trabajo un sello personal, para expresar su creatividad. El obrero se transforma en un brazo ejecutor del diseño del ingeniero. Su individualidad, todo aquello que lo distingue de otros, no pertenece al dominio del trabajo.

Reacciones en contra de Taylor

Las reacciones en contra de la propuesta de Taylor no se hicieron esperar. Importantes sectores sindicales, políticos e intelectuales se levantaron para acusar a Taylor de que propiciaba un tratamiento inhumano a los trabajadores; que trataba a los obreros como bestias de carga; que lo único que le interesaba era extraer de ellos hasta la última gota de sudor; que promovía la total alienación del trabajo; que su propuesta garantizaba la superexplotación de los obreros en manos de empresarios inescrupulosos y rapaces, ávidos de expandir sus ganancias a costa de la productividad y bienestar de los trabajadores.

Otra crítica que se planteaba a la propuesta de Taylor apuntaba a la desigual distribución de poder que ésta establecía entre los empresarios y sus asesores, por un lado, y los trabajadores, por otro. En la medida en que el conocimiento se concentraba en los primeros, ello dejaba en la indefensión a los trabajadores, los que quedaban expuestos a todo tipo de abusos. Pocas veces el postulado de que el conocimiento es poder había adquirido tanto sentido.

En efecto, se registraban casos en los que, para presionar a los trabajadores para que rindieran más, los empresarios manipulaban el tiempo para así obligarlos a rendir por sobre la norma inicialmente estipulada. Para evitar que los trabajadores se dieran cuenta, se les prohibía llevar relojes al trabajo. Sólo eran permitidos los relojes oficiales de la empresa. En otros lugares, se contabilizaban las veces que cada trabajador iba al baño y se cronometraba el tiempo que demoraba. Se controlaban también los tiempos que el trabajador tomaba para almorzar. El tiempo es oro, y éste pertenecía a los empresarios. Los trabajadores se encontraban en un sistema completamente regimentado por sus jefes.

Muy pronto se levantó una ola de reacciones y en la Cámara de Representantes del Congreso de los Estados

Unidos se creó una comisión especial para impugnar la propuesta tayloriana. Taylor buscó afanosamente defenderse y consumió gran parte de su tiempo en ese intento. El desgaste que le provocó esta experiencia ha sido señalado como una de las causas de su muerte en 1915.

Pero escuchemos los argumentos que Taylor efectuaba en su defensa. Sin desconocer algunos abusos, Taylor sostenía que nadie más que él deseaba y estaba comprometido en asegurar el bienestar de los trabajadores. Recordemos que *Los principios de administración científica* (1911) se abrían señalando que:

> "el objetivo principal de la administración debe ser el garantizar el máximo de prosperidad para el empleador, junto con la máxima prosperidad para cada empleado".

Taylor insistía en que él aspiraba a restringir el conflicto entre el empresario y el trabajador y a sustituir "la contienda y la lucha por una colaboración fraternal de corazón". Era cierto, reconocía, que su propuesta exigiría de los trabajadores ciertos sacrificios iniciales. Pero ellos se beneficiarían de esos mismos sacrificios en la medida en que participarían de la generación de valor a la que estaban contribuyendo. De este modo, no sólo se limitarían a producir los bienes que contribuían a lanzar al mercado, sino que llegarían a poder comprarlos.

Taylor argumentaba que lo que resultaba inhumano era la condición presente de los trabajadores y la ausencia de mecanismos que les permitieran salir de ella para acceder a niveles superiores de bienestar y ofrecerle a sus hijos condiciones de vida diferentes. Sostenía que él estaba consciente de que demandaba un esfuerzo adicional de parte de los trabajadores. Pero reiteraba que, en la medida en que ese esfuerzo se tradujera en una mayor productividad y ésta en una mayor capacidad de generación de riqueza, dicho esfuerzo conduciría a un aumento significativo de sus salarios, permitiéndoles participar de esa misma riqueza que ellos contribuirían a generar. En el decir del propio Taylor:

> "Los hombres no realizarán un día de trabajo extraordinario si reciben por ello una paga diaria ordinaria".

Tal era su convencimiento de que su sistema no podía funcionar con salarios bajos.

Señalaba Taylor que él ofrecía a los trabajadores una alternativa que ninguna otra medida o política había sido capaz de ofrecerles: superar las condiciones de miseria en las que vivían, elevar sustancialmente su nivel de vida, generar capacidad de ahorro y la posibilidad de que, si no ellos mismos, al menos sus hijos, pudieran tener un futuro diferente. Un futuro que a estos últimos podría convertirlos en ingenieros y, ¿por qué no?, quizás incluso en empresarios. El aumento de la productividad del trabajo se traduciría, según Taylor, en una gran movilidad social para los trabajadores.

El efecto de la propuesta tayloriana en el mundo industrializado

¿Qué sucedió en los hechos? Los anuncios de Taylor mostraron no ser sólo buenas intenciones. En la medida en que el nuevo método propuesto aumentaba la producción y disminuía los costes, las empresas comenzaban a ofrecer salarios más altos a quienes aceptaran el rigor de los nuevos principios. En los primeros años, es cierto, muchos trabajadores no se adaptaron al nuevo sistema y ello se tradujo en una tasa de rotación en el trabajo nunca antes vista. Un alto número de trabajadores eran despedidos o renunciaban para buscar trabajos menos exigentes.

Para reducir la alta tasa de rotación en el trabajo, los empresarios comenzaron a aumentar los salarios. En 1914, Ford resolvió duplicar el salario del obrero y pagar 5 dólares el día, cifra sin precedentes, que resultaba más alta de la que percibían en otros lugares trabajadores altamente calificados. Los anuncios esperanzadores de Taylor comenzaron progresivamente a cumplirse. Los salarios de los trabajadores iniciaron un ascenso sostenido. El incremento de la productividad del trabajo basada en los principios de Taylor se tradujo en la mayor movilidad social conocida en el mundo occidental. Trabajadores y capitalistas se veían forzados a colaborar. En 1925, diez años después de su muerte, los trabajadores se habían transformado en abiertos defensores del taylorismo.

Progresivamente buena parte del mundo industrializado se convertía a los nuevos principios. Éstos se expandían como reguero de pólvora. Los textos de Taylor eran traducidos a numerosos idiomas. A poco de la aparición en 1911 de *Los principios de administración científica*, el libro ya había sido traducido al francés, alemán, japonés, chino, italiano, ruso, sueco, holandés e incluso al esperanto. Sólo más adelante se conocería en español.

Sus libros eran devorados en todas partes y sus "principios" aplicados con gran entusiasmo. Los trabajadores de los países industrializados empezaron a recibir parte de los beneficios generados por el aumento de la productividad del trabajo. Los conflictos sociales internos, las huelgas laborales, disminuyeron abruptamente.

Los conflictos externos, por el contrario, se acentuaron y el mundo experimentó dos guerras mundiales. En ambas, sin embargo, se haría uso intensivo de los principios de Taylor. Durante la Primera Guerra Mundial, los países beligerantes acudían al taylorismo para asegurarse abastecimiento de municiones a tiempo. Mientras se peleaba en las trincheras y se disputaba a costa de miles de muertos cada centímetro de territorio, en las fábricas los principios de la administración científica realizaban un avance sostenido.

Durante la Segunda Guerra Mundial, Hitler declara la guerra contra los Estados Unidos luego del ataque a Pearl Harbor. Hitler suponía que los Estados Unidos, al no disponer de una marina mercante, ni de destructores modernos, ni de una sólida industria óptica, escasamente podrían soportar la guerra. Sin embargo, aplicando los principios de administración científica de Taylor, en dos o tres meses los Estados Unidos pudieron convertir a trabajadores no calificados en fundidores y constructores de barcos de primer nivel. Drucker señala que quien en rigor ganó la guerra fue Taylor.

Taylorismo y socialismo

Drucker sostiene que a Taylor se le debe reconocer un mérito adicional. Sus principios desactivaron la lucha de clases y la creciente polarización entre capitalistas y trabajadores que se había registrado durante la mitad del siglo XIX y que había permitido a Karl Marx predecir el advenimiento del socialismo.

Paradójicamente, serán los propios países socialistas los que registrarán el efecto más fuerte del taylorismo. En 1916, Lenin lee la traducción al alemán de *Shop Management* en Zurich, durante su exilio en Suiza. Estamos en el umbral de la Revolución de Octubre, y su lectura ejercerá una influencia decisiva en el líder revolucionario. En 1918, luego del triunfo de la Revolución, Lenin escribe:

> "Debemos introducir en Rusia el estudio y la enseñanza del nuevo sistema de Taylor y su ensayo y adaptación sistemática".

Los principios de Taylor son aplicados con energía a los procesos de industrialización realizados en la Unión

Soviética. En 1921, ésta sumaba ya veinte instituciones que mostraban la impronta de la administración científica.

Los métodos del taylorismo eran aplicados incluso más lejos de lo que Taylor hubiera podido imaginar y mucho más lejos que lo que él mismo probablemente hubiera deseado. Como en la Unión Soviética la sociedad en su conjunto es dirigida como una gran organización, con el poder concentrado en el Estado y el partido, estos principios son aplicados en forma generalizada en todos los ámbitos de la vida social. Ellos, por lo demás, tienden a reafirmar la concepción autocrática del partido y de la administración del poder, desarrollada autónomamente por los bolcheviques mucho antes de que Taylor apareciera en escena.

La sociedad soviética se organiza concentrando la capacidad de diseño y reflexión en la cúspide, mientras que en la base de la sociedad sólo cabe cumplir con lo que se instruye, con prontitud y sin discusión. Los mismos principios rigen el funcionamiento del Partido Comunista. En todas partes reina la separación entre el músculo y la mente. El paraíso prometido de los trabajadores se transforma crecientemente en el paraíso de los ingenieros y los burócratas del partido. La Unión Soviética sirve de modelo al resto de las experiencias socialistas en el mundo y esta modalidad de organización de la sociedad se reproduce en otros países.

Las influencias de Taylor llegan también al movimiento socialista mundial por otros lados. La Unión Soviética no es, obviamente, la única fuente. En Italia, por ejemplo, el ideólogo y fundador del Partido Comunista, Antonio Gramsci, hace suyas las ideas de Taylor. Sus "consejos de fábrica" reiteran la importancia de la eficiencia, la producción y la disciplina.

Las diversas experiencias socialistas se sostienen, no sin problemas, mientras el trabajo manual sigue siendo la fuente principal de generación del valor. Sin embargo, cuando esto comienza a cambiar, y cuando el trabajo manual comienza a ser desplazado en importancia por el trabajo no manual, los países socialistas empiezan a mostrar una gran rigidez. La sociedad civil no es capaz de proveer alternativas, ni exhibe la fuerza y creatividad suficientes para transformarse desde adentro. El taylorismo aplicado a ultranza comienza a asfixiar al socialismo y, entonces, sólo cabe esperar su derrumbe. Es lo que acontece. Asfixiado en la base social, incapaz de regenerarse a sí mismo como acontecía en el mundo capitalista, el socialismo cae de la única forma que podía caer: de cabeza.

Ford y la línea de ensamblaje

Taylor había logrado resolver el problema de la productividad del trabajador manual en la ejecución de su tarea individual. En 1914, poco antes de la muerte de Taylor, Henry Ford (1863-1947) resuelve cómo incrementar la productividad en las actividades de coordinación de las tareas individuales a través de la invención de *la línea de ensamblaje*. La combinación de ambas contribuciones hace más productivos a los procesos de trabajo. Todo proceso de trabajo no sólo comprende un variado número de tareas individuales sino que además integra las actividades de coordinación a través de las cuales las tareas individuales se concatenan entre sí. La línea de ensamblaje resuelve el problema de la productividad de las actividades de coordinación al nivel de la producción material.

El "mando y control" como mecanismo de regulación del trabajo

La manera como se había resuelto el problema de la productividad del trabajo manual determinó el mecanismo a través del cual el trabajo debía ser regulado dentro de la empresa, para garantizar que el trabajador rindiera al máximo de su capacidad. A este mecanismo se lo llamó "el mando y control" y consistía en ordenarle al trabajador exactamente lo que tenía que hacer y controlar su estricto cumplimiento. Tal mecanismo de regulación del trabajo era coherente con la solución del problema de la productividad.

Creemos necesario destacar dos rasgos del mecanismo del "mando y control". El primero de ellos apunta al hecho de que se trata de un tipo de regulación que opera estableciendo un *"techo"* al rendimiento del trabajador. Lo máximo que éste puede hacer es cumplir estrictamente con lo que se le instruye. Nada lo incentiva, por ejemplo, a superar el rendimiento solicitado en la orden que recibe. Es más, se le ha hecho explícito al trabajador que no pierda tiempo en reflexionar cómo hacer las cosas mejor, dado que no es él quien está capacitado para determinarlo. No nos olvidemos, esa es la labor del ingeniero. Con la introducción de la línea de ensamblaje la posibilidad de que el trabajador individual pueda rendir más es inexistente. Es la propia línea la que determina los rendimientos individuales requeridos.

El segundo rasgo del mecanismo del "mando y control" que deseamos destacar es el hecho de que, para que éste funcione, requiere sustentarse en *la emocionalidad del miedo*. El miedo a las consecuencias que resultan de no cumplir. La empresa no puede permitir que sólo algunos trabajadores cumplan con lo que se les indica. Es necesario que todos ellos se sometan a las instrucciones impartidas. Para asegurarlo, el incumplimiento debe ser severamente castigado. El incumplimiento conlleva consecuencias y la posibilidad del despido está siempre presente para el trabajador.

El aumento de los salarios que muy pronto genera la aplicación de los nuevos principios no es sólo una medida para motivar positivamente al trabajador para que éste rinda más y cumpla con lo que se le ordena. Es también una medida que hace del despido una sanción más costosa para el trabajador. Ahora, cuando es despedido pierde más, y, por lo tanto, la eventualidad del despido es una amenaza mayor.

El capataz como figura de autoridad

De la misma manera que la solución al problema de la productividad conlleva el "mando y control" como mecanismo de regulación del trabajo, éste hace del *capataz* la principal figura de autoridad en la empresa tradicional. El capataz es precisamente aquella figura que tiene como responsabilidad ejercer el "mando y control". Ello implica impartir las órdenes e instrucciones, supervisar su cumplimiento y sancionar el incumplimiento. No puede haber "mando y control" sin que haya alguien que efectivamente mande y controle. Esa persona es el capataz.

Sin embargo, ese capataz que tiene a su cargo un grupo determinado de obreros requiere, a su vez, recibir sus órdenes e instrucciones y ser igualmente controlado. Esa es la condición de funcionamiento de la empresa tradicional. Por tanto, el sistema requiere no sólo de capataces, sino también de capaces de capataces, de capataces de capataces de capataces, y así sucesivamente. En un cierto punto, por un problema de diferenciación y estatus, a esos capataces se les comienza a llaman gerentes o managers. Pero esto no crea mayores diferencias en sus funciones, sino que es un indicador del nivel desde el cual se ejerce la autoridad. Todo ello culmina en una sola figura, a quien se le confiere el nombre del gerente general. Pero éste no es sino el gran capataz, el capataz de todos los capataces.

La estructura formal de la empresa tradicional

Lo que hemos considerado hasta ahora va conformando progresivamente el tipo de estructura organizativa que será característica de la empresa tradicional. Se trata de una *estructura piramidal y jerárquica*. Jerárquica, por cuanto el poder se define por el nivel en el que alguien se sitúa en la estructura, disponiendo de mayor poder quienes se encuentren en niveles más altos. La altura de la estructura es la que determina el poder y éste tiende a concentrarse en la cúspide. Es más, todo poder que no esté en la cúspide es siempre un poder que pertenece a otro y que se ejerce por delegación.

Se trata de una estructura piramidal por cuando el tamaño de la base, constituida por el conjunto de la masa laboral, por el número de obreros, determina su altura. Mientras más obreros trabajen en la empresa, se requerirá de más capataces y éstos requerirán de más capataces de capataces, y así sucesivamente, aumentando con ello el número de niveles de autoridad. De allí que las grandes corporaciones registren muchas veces quince, dieciocho y hasta veinte niveles de autoridad.

Todo ello, como podemos apreciar, no es arbitrario. Cada uno de los elementos que hemos examinado es consecuencia de la manera como se resolvió el problema de la productividad del trabajo manual. Cada uno de ellos, de acuerdo con nuestro postulado inicial, intenta obtener el máximo rendimiento de los trabajadores (potenciar la capacidad productiva del trabajo), con la perspectiva de asegurar las condiciones más favorables para la generación de valor.

Esta estructura organizativa de carácter jerárquico y piramidal cumple con dos funciones sistémicas de importancia: actúa como una red de información y representa los canales de toma de decisiones.

En la empresa tradicional, la información fluye verticalmente: se informa de abajo para arriba y se ordena de arriba para abajo. Una comunicación entre una persona que se encuentra en la base de la pirámide de una determinada división y otra persona de rango equivalente en otra división, normalmente requiere subir por la estructura hasta encontrar el punto de intersección en las líneas de autoridad de ambas divisiones para luego bajar hasta llegar a su destino. Ello significa que la comunicación en la empresa tradicional suele ser zigzagueante y está sometida a la estructura de autoridad de la empresa. En los hechos, ello se traduce en una muy escasa comunicación directa entre divisiones funcionales diferentes.

Esta misma estructura establece los canales de toma de decisiones. Mientras más abajo nos encontremos en la pirámide, menor es el poder de decisión de que se dispone, y es prácticamente nulo en la base. Ello implica que, frente a muchos problemas que se suscitan en los niveles inferiores, suele ser necesario esperar decisiones que son adoptadas en niveles superiores. De allí que la imagen que sobre su propia estructura genera la empresa tradicional es el organigrama que describe funciones y niveles de autoridad.

Tal como acontecía con la información, la toma de decisiones que compromete a dos departamentos diferentes se ubica en aquel punto de la jerarquía en que las líneas de control se cruzan. Es decir, que para tomar esta decisión, será preciso subir en la jerarquía para luego bajar. Mientas más distantes en la organización se encuentren los dos departamentos involucrados, más arriba en la jerarquía habrá que subir para tomar esa decisión.

Esta forma de funcionamiento representa, a comienzos del siglo XX, una alternativa que permite agrupar coherentemente dentro de una misma organización una gran diversidad de funciones, y permite el nacimiento de la gran corporación moderna. Lo que se hizo fue utilizar la estructura burocrática que inventaran los chinos en la Antigüedad para manejar el imperio, y aplicarla a la actividad empresarial. Este invento, por lo demás, había sido utilizado con anterioridad por muchas otras instituciones, entre ellas las Fuerzas Armadas y la Iglesia.

La estructura de la empresa tradicional se va consolidando progresivamente a través de los aportes de muchas personas que la perfeccionan. Entre todas ellas cabe destacar a dos hombres que contribuyen a conferirle lo que podríamos llamar su configuración "clásica".

El primero lo hace a un nivel conceptual. Se trata del francés Henri Fayol (1841-1925). Su obra, *Administration industrielle et générale* será publicada en 1916. Sólo será publicada en los Estados Unidos en 1949.

El segundo realiza su contribución fundamentalmente a un nivel práctico y al hacerlo introduce variaciones a la concepción de Fayol, particularmente en lo que se refiere a la aplicación de algunos principios de descentralización. Nos referimos a Alfred Sloan (1875-1966) quien, desde la dirección de General Motors, la transformará en el paradigma de la corporación moderna y hará de la propia General Motors su más clara expresión.

Los parámetros de la empresa tradicional

En el siguiente cuadro procuramos sintetizar lo que hemos señalado hasta ahora y caracterizar a la empresa tradicional.

Criterios	Empresa tradicional
Trabajo preponderante	Trabajo manual
Fundamento del trabajo	Destreza física
Clave de la productividad	Movimientos y tiempos
Mecanismo de coordinación	Línea de ensamblaje
Locus reflexivo	Localizado: el ingeniero
Mecanismo de regulación	"Mando y control"
Carácter de la regulación	"Techo"
Emocionalidad de base	Miedo
Perfil de autoridad	Capataz
Tipo de organización	Piramidal y jerárquica
Criterio guía	Estandarización

La crisis de la empresa tradicional

Hemos sostenido que la empresa tradicional está en crisis. ¿En qué consiste esta crisis? ¿Cómo se manifiesta? En términos generales, la estructura de la empresa tradicional, que en sus inicios se levantó para garantizar los rendimientos máximos del trabajo, actualmente se ha convertido en un obstáculo para el logro de tales rendimientos. Luego de haber sido acusada por imponer a los obreros condiciones de superexplotación, hoy podemos acusarla por ser incapaz de aprovechar adecuadamente el potencial productivo de sus trabajadores. Cuando ello sucede, significa que nos encontramos en el umbral de su sustitución.

En los hechos, la estructura piramidal y jerárquica de la empresa tradicional demuestra ser lenta y poco eficaz para tomar decisiones, lo que afecta severamente su capacidad competitiva. Empresas nuevas, más flexibles, se anticipan en su toma de decisiones y logran sacar importantes ventajas de ello.

Con las nuevas tecnologías de información, la estructura tradicional a su vez se ha vuelto obsoleta como red de flujos de información. Actualmente podemos intercambiar información de manera casi instantánea con cualquier punto de la estructura organizativa. Para comunicarse con una persona de otra división no es necesario hacer el recorrido que establecía la estructura tradicional. El efecto que en este sentido han tenido tecnologías como, por ejemplo, el correo electrónico, los *groupwares*, las *intranets* y la Internet ha sido profundo.

Al someter el funcionamiento de la empresa a su estructura piramidal del poder, la estructura de la empresa tradicional distorsiona los procesos de trabajo y negocio. Estos procesos, que articulan espacios funcionales muy diversos, son horizontales, no respetan los canales señalados por el organigrama y cruzan sus "espacios blancos", saltando de un departamento a otro, de una división a otra. Observar los procesos de trabajo y negocio a través del organigrama los distorsiona. Someterlos a los caminos que impone el organigrama los hace altamente ineficientes. Tecnológicamente, hoy es posible evitar esas relaciones zigzagueantes innecesarias, propias de la estructura tradicional.

En resumen, la estructura de la empresa tradicional ha devenido lenta, poco eficaz, distorsionadora de sus procesos de trabajo y negocio, cara y poco competitiva. La estructura de la empresa tradicional ya es obsoleta.

Las variables externas de la crisis

Cuando se examina la crisis de la empresa tradicional, el énfasis suele colocarse en los factores externos. Se habla de cómo los cambios en el entorno han precipitado su obsolescencia. Todos hemos escuchado las múltiples referencias a factores tales como

* la aceleración del cambio,
* la globalización de los mercados,
* el incremento de la competitividad y
* el efecto de las nuevas tecnologías.

Se dice que la empresa tradicional se levantó en un entorno muy diferente y que no ha sabido adaptarse adecuadamente a las profundas transformaciones de su nuevo entorno.

Eso es así. Sin embargo, tal como se plantea el problema, se dificulta su resolución. Un particular modo de hacer empresa no sólo debe considerar la adecuación a su entorno, que sin duda es importante. También debe responder a sus propias condiciones internas. En otras palabras, no es posible instituir un nuevo modo de hacer empresa si nos concentramos exclusivamente en responder a los factores externos. Como hemos dicho con anterioridad, el modo de hacer empresa debe ser capaz, simultáneamente, de potenciar la capacidad productiva del trabajo de manera tal que se garantice su capacidad máxima de generación de valor.

Las variables internas de la crisis

Durante las últimas décadas, no sólo se ha transformado el entorno empresarial. También se han registrado importantes cambios en el interior de la propia empresa. De entre ellos destacamos dos cambios, que están relacionados entre sí.

1. Cambios en el carácter del trabajo

El trabajo que hoy en día predomina en las empresas es muy diferente del trabajo que predominara a comienzos del siglo XX. Entonces prevalecía el trabajo manual. Actualmente es el trabajo no manual el que ha llegado a ser no sólo el más numeroso sino, por sobre todo, el más importante en la capacidad de generación de valor de las empresas. Ello representa un cambio fundamental. No olvidemos que la empresa tradicional se construye como una forma de responder a las exigencias de productividad del trabajo manual.

Cabe preguntarse con respecto a la empresa tradicional: ¿es capaz de responder de la misma forma a las exigencias de productividad del trabajo no manual? Tengamos en cuenta que se trata de trabajos muy diferentes. El trabajo manual se sustenta en la destreza física del trabajador. El trabajo no manual pareciera sustentarse en sus destrezas intelectuales. ¿Sirve para éste lo que servía para el otro?

Warren Bennis señala que cuando se le pregunta a los integrantes de una organización cuánto de su potencial intelectual creen estar utilizando en su trabajo, la respuesta estándar es alrededor de un 20 por ciento. Ello implica que, según el parecer de los propios trabajadores, la empresa actual, herencia de la empresa tradicional, desaprovecha un 80 por ciento de su capacidad productiva. ¡Qué lejos estamos de aquellos años en que se criticaba a Taylor por promover la superexplotación de los trabajadores! ¡Qué importante indicador de la crisis de la empresa tradicional!

2. Crisis del mecanismo de regulación del trabajo

Sin embargo, donde se observan con mayor claridad las dificultades de la empresa tradicional para promover la productividad del trabajo no manual es en la aplicación del "mando y control" como mecanismo de regulación del trabajo. El problema fundamental es el siguiente: el "mando y control" permitía que el obrero hiciera lo que el capataz le indicaba a partir del trabajo de diseño realizado por el ingeniero. Pero cuando se trata del trabajador no manual, muchas veces nos encontramos con el hecho de que nadie en la empresa –e incluso menos su jefe– sabe mejor que él lo que podría hacer en el ámbito de su trabajo y cómo debería hacerlo. Mal puede entonces dejarse en manos del jefe que le ordene lo que tiene que hacer y que luego controle que lo cumpla. De hacerse esto, simplemente no se logran aprovechar los rendimientos potenciales de estos trabajadores. No sorprende el 20 por ciento de aprovechamiento de la capacidad productiva del trabajador que informa Bennis.

CAPÍTULO 2

EL PROBLEMA DE LA PRODUCTIVIDAD SEGÚN DRUCKER

El desafío de Drucker

Observando este cuadro, Peter Drucker ha sostenido en forma reiterada que así como la empresa tradicional que predominó durante gran parte del siglo XX se levantó a partir de la resolución del problema de la productividad del trabajo manual, la empresa del futuro, la empresa del siglo XXI, sólo se construirá cuando seamos capaces de resolver *el problema de la productividad del trabajo no manual.*

Mientras esto no suceda será inevitable que tengamos la sensación de estar dando "palos de ciego" en nuestros esfuerzos de transformación. Sin embargo, una vez que resolvamos este problema será también inevitable sentir que las aguas del Mar Rojo comienzan a abrirse y que podemos ahora cruzar hacia la otra ribera donde construiremos la nueva empresa del futuro. Según Drucker, quien resuelva el problema de la productividad del trabajo no manual tendrá en sus manos las llaves para incursionar con éxito en ese futuro.

Al menos dos problemas

Resolver el problema de la productividad del trabajo no manual, no es, según el mismo Drucker, una tarea fácil.

Existen al menos dos dificultades que interfieren en los intentos de resolverlo, que no aparecían cuando Taylor enfrentó la cuestión equivalente de la productividad del trabajo manual.

La primera dificultad guarda relación con el hecho de que, en el caso del trabajo no manual, la tarea a ser ejecutada no es obvia. Esto no acontecía en el caso del trabajador manual. Cuando abordábamos, por ejemplo, el problema de la productividad de un obrero de la industria automotriz, teníamos claro lo que éste tenía que producir. Sabíamos que el automóvil requería un carburador, un chasis, etc., y que estas eran piezas que el obrero tenía necesariamente que producir. El problema consistía entonces en diseñar la manera más eficiente de producir esas piezas.

Pero cuando examinamos el trabajo no manual, estamos obligados a reconocer que la necesidad de la tarea deja de ser algo obvio. Drucker traza una interesante distinción entre lo que llama *"doing the right thing"* ("hacer lo correcto") y *"doing things right"* ("hacer las cosas correctamente"). Pues bien, según el mismo Drucker, son muy frecuentes los casos, en la empresa de hoy, de gente que hace excelentemente lo que, en rigor, resulta completamente innecesario. Casos en los que se comprueba la ejecución de tareas que no contribuyen al proceso de agregar valor y que, independientemente de cómo sean realizadas, lo que hacen es consumir valor. Este problema normalmente no llega a ser detectado porque lo que los sistemas de evaluación determinan es cómo está ejecutada una tarea, pero no se evalúa si ésta es necesaria. Ese es un primer problema.

Russell Ackoff nos señala que la distinción hecha por Drucker es equivalente a la distinción entre eficiencia (*"doing things right"*) y efectividad (*"doing the right thing"*). La efectividad, nos señala Ackoff, toma en consideración el valor que resulta de las acciones emprendidas (no se refiere necesariamente al valor económico) y nos señala que es preferible hacer mal lo necesario, a hacer bien lo innecesario. De lo primero, cabe la posibilidad de aprender y corregir, mientras que de lo segundo suele resultar que se refuerza un comportamiento equivocado.

El segundo problema está en relación con el carácter del trabajo no manual. A diferencia del trabajo manual que, sustentado en la destreza física, permitía su desagregación en movimientos y tiempos, el trabajo no manual, nos dice Drucker, se sustenta en el conocimiento. El trabajador no manual es un trabajador de conocimiento y ello hace mucho más compleja la solución del problema de su productividad. No sabemos cómo incrementar la productividad del trabajador de conocimiento y no sabemos tampoco cómo gestionar el conocimiento.

Esos son los términos del problema, tal como los plantea Drucker. Consideramos que ha sido planteado simple, clara, magistralmente. Como se apreciará más adelante, vamos a permitirnos cuestionar algunos de sus términos. Pero antes de hacerlo, es justo celebrar la lucidez del planteamiento de Drucker. Uno de sus méritos principales ha sido desplazar el debate sobre la transformación del impacto de los factores externos sobre la empresa al impacto que revisten las transformaciones que han ocurrido en su interior. Otro gran mérito ha sido colocar el carácter del trabajo en el centro del debate y plantearnos que la empresa emergente del siglo XXI deberá adecuarse a la forma como resolvamos, nuevamente y como ya lo hiciera Taylor a comienzos del siglo XX, el problema de la productividad del trabajo.

A continuación tomaremos el problema tal como ha sido presentado por Drucker, y exploraremos vías que puedan conducirnos a su resolución. Sostenemos que gran parte de los elementos para resolver esta cuestión están disponibles a la mano. De alguna manera, la solución se encuentra ante nuestros ojos. El punto consiste en saber reconocerla. Para ello, sin embargo, creemos necesario revisar los términos del problema, pues pensamos que ellos nos conducen a buscar en lugares equivocados.

CAPÍTULO 3

REFLEXIONES SOBRE EL TRABAJO Y EL CONOCIMIENTO

Hemos dicho que uno de los grandes méritos de Drucker era haber colocado en el centro del debate el problema del trabajo y su productividad. En efecto, ésta será la clave para la construcción de la empresa emergente. Pero antes de explorar los factores que impulsarán la emergencia de un nuevo modo de hacer empresa, creemos necesario detenernos un tiempo a examinar el fenómeno del trabajo y revisar la manera como éste es tratado y traído a escena por el propio Drucker.

La heterogeneidad del trabajo

Drucker parte de la distinción entre trabajo manual y no manual. Esta distinción encierra algo importante. Tras ella subyace el reconocimiento de que el trabajo, considerado globalmente, no es homogéneo; que no todos los trabajos forman parte de un continuo. La distinción supone que hay trabajos que descansan en fundamentos distintos y que, por lo tanto, no son equiparables. Éste es un supuesto importante. No nos olvidemos de que Karl Marx, quien también hiciera del trabajo el concepto clave de toda su teoría, suponía que todo trabajo, por muy complejo que fuese, podía ser convertido en varias unidades de trabajo simple y, por lo tanto, en unidades de trabajo obrero. Ello implicaba, por ejemplo, que el trabajo de Leonardo da Vinci al pintar la Mona Lisa podía desagregarse en determinadas unidades de trabajo obrero. Esto último es lo que llamamos el supuesto de la homogeneidad del trabajo.

La distinción de la que Drucker parte pone en cuestión tal supuesto al reconocer que el trabajo manual se sustenta en la destreza física, mientras que el trabajo no manual se sustenta en el conocimiento. Por lo tanto, no cabe postular, como lo hiciera Marx, que es posible convertir el trabajo de conocimiento en trabajo manual o físico. Para Drucker rige el principio de la heterogeneidad del trabajo. Desde su perspectiva, si bien todo trabajo representa una acción intencional de transformación, no todos los trabajos son equiparables entre sí y, por tanto, no siempre es posible convertir unos en otros. Éste es un aspecto importante y positivo en la concepción del trabajo de Drucker.

Cabe preguntarse, sin embargo, si la distinción de la que parte Drucker entre trabajo manual y no manual, es la más adecuada o, dicho de otra forma, si es la que mejor rinde cuenta de la heterogeneidad del trabajo. La distinción entre trabajo manual y no manual está tomada directamente del sentido común y no es examinada críticamente para determinar si ella es pertinente para explicar lo que hoy acontece. La pregunta por la pertinencia de la distinción es, por lo tanto, importante. Cabría preguntarse, por ejemplo, si es adecuado sostener que lo que sustenta al primer tipo de trabajo es efectivamente su "manualidad" o "fisicalidad", mientras que lo que sustenta al segundo (aquel definido negativamente como trabajo "no" manual) es el conocimiento.

No pretendemos en esta oportunidad hacer un análisis exhaustivo del fenómeno del trabajo. Nos sentiremos satisfechos con efectuar algunas preguntas, hacer algunos cuestionamientos preliminares y sugerir tentativamente algunas distinciones diferentes que, creemos, nos permitirán pensar mejor el problema. No buscamos ir más lejos. Estamos convencidos, sí, de que éste es un tema de la mayor importancia y que requiere ser abordado en profundidad si pretendemos entender hacia dónde se dirige la empresa del futuro.

Manualidad y conocimiento

Todo trabajo implica, de una u otra forma, una determinada "fisicalidad" o, si se quiere, una determinada "manualidad". La manualidad no es privativa de lo que la tradición económica ha denominado trabajo manual. El trabajo supuestamente "no" manual no carece de una determinada dosis de manualidad. Si observamos a un contador trabajando en su ordenador, a una secretaria atendiendo el teléfono, a un empleado registrando una orden de compra, a un ingeniero trabajando en su mesa de diseño en el proyecto de un nuevo prototipo, a un gerente redactando un memorando, etc., en todos estos casos constatamos que la tarea que está siendo ejecutada requiere de una determinada manualidad. Aunque ello pueda parecernos obvio, nos indica que cuando hablamos de trabajo manual no estamos realmente apuntando a aquello que lo diferencia de otras modalidades de trabajo.

Todo trabajo también requiere conocimiento. Un obrero necesita ser capacitado para ejercer su tarea y lo que genera el proceso de capacitación es conocimiento. Sin conocimiento no hay trabajo que pueda realizarse, por muy simple que éste sea. Con la distinción de conocimiento tenemos un problema adicional. El problema no sólo consiste en determinar la pertinencia o no del uso de la distinción para dar cuenta de determinados fenómenos; el problema se agrava por cuanto también le asignamos a la noción de conocimiento sentidos diferentes. Por lo tanto, cualquier discusión sobre el conocimiento implica ponernos previamente de acuerdo sobre lo que estamos hablando. De lo contrario, entraremos en un debate de sordos.

Hay múltiples propuestas sobre lo que es el conocimiento. Partamos por reconocer que el conocimiento no es un objeto. No es algo que podamos identificar en el mundo de las cosas que nos rodean, que esté allí, ocupando un determinado espacio. El conocimiento es siempre un juicio que hace un determinado observador al examinar determinados comportamientos. Si en algún lugar reside el conocimiento, es en el juicio que emite un observador particular al observar comportamientos. Es más, el conocimiento surge precisamente como una manera de calificar (de juzgar) el comportamiento observado.

¿Qué tiene que hallar tal observador para sostener que hay conocimiento? O dicho de otra forma, ¿cuándo dirá ese observador que está observando conocimiento? Cuando el comportamiento observado le permita decir que las acciones ejecutadas son eficaces. El conocimiento es un corolario que surge de la observación de acciones eficaces, de acciones capaces de generar aquello que se espera de ellas. Diremos, por lo tanto, que hay conocimiento cada vez que observemos acciones eficaces. Si observamos que un tornero maneja adecuadamente el torno y produce bien las piezas que se le encomiendan, diremos que el tornero conoce su oficio.

Russell Ackoff nos indica acertadamente que mientras la información surge de respuestas a las preguntas del tipo *qué, quién, dónde, cuándo* y *cuántos,* el conocimiento responde a la pregunta de *cómo hacerlo.* De allí que el conocimiento pueda entonces expresarse en instrucciones, en el conjunto de acciones que es necesario ejecutar para que se alcance un determinado resultado y para que el trabajador sea capaz de producirlo. En la medida en que el trabajador aprenda tales instrucciones, diremos que posee conocimiento o, en otras palabras, que posee la capacidad para desempeñarse eficazmente en su tarea.

¿Cómo negar entonces que el conocimiento es también un atributo del trabajador manual? En la medida en que éste exhiba acciones eficaces, no podremos dejar de hablar de conocimiento. Se podrá argumentar que el conocimiento que requiere el obrero es menor del que requiere el gerente y quizás podríamos aceptarlo. Se podrá decir que en algunas oportunidades los trabajadores no manuales son capaces de generar conocimientos nuevos y efectivamente ello es cierto, a veces. Quizás pueda señalarse que, en ocasiones, el "objeto de trabajo" del trabajador no manual es el conocimiento, aunque ello no es siempre así.

El punto es que, si aceptamos el principio de la heterogeneidad del trabajo, no podemos limitarnos a decir que la diferencia entre el trabajo manual y el no manual reside en la cantidad en que se detecta la presencia de un determinado "factor", en un "algo" que ambos poseen, o en la presencia ocasional de un elemento que no está necesariamente presente en su ejecución habitual.

Lo anterior nos sugiere la necesidad de buscar una manera diferente de distinguir las modalidades que asume el trabajo y permitirnos poner en cuestión la distinción tradicional entre trabajo manual y "no" manual. Quizás sea conveniente preguntarnos a qué apunta ese "no". Aquello que se presenta inicialmente como "no" manual, ¿qué es?

El poder transformador de la palabra

El pensamiento económico tradicional consideró durante largo tiempo que la capacidad transformadora del trabajo se sustentaba en la fuerza física del trabajador. Expresiones como "la fuerza de trabajo" surgen del supuesto de esa estrecha relación entre trabajo y fuerza física. Karl Marx, a quien le reconocemos haber aportado una de las reflexiones más profundas sobre el trabajo que produjera la historia del pensamiento económico, hacía de la fuerza del trabajador un elemento esencial. Ello lo llevaba a hablar de la capacidad productiva del trabajo a través de las "fuerzas productivas".

Si la fuerza, para Marx, era el sustento de todo trabajo, no es extraño que haya postulado el principio de la homogeneidad y convertibilidad del trabajo. Con ello no lograba percibir su segmentación. Esto lo hacía incurrir en otro error de importancia. Al restringir su concepción del trabajo al despliegue de la fuerza física, no le era posible reconocer cabalmente la importancia e impacto de otros tipos de trabajo –y particularmente del trabajo gerencial– en la capacidad de agregación de valor de la empresa. Todo esto conducía a Marx a la conclusión de que los gerentes eran agentes parasitarios dentro de la empresa, personas que usufructuaban parte del valor producido por los obreros (la plusvalía). Ésta era una conclusión necesaria dados los supuestos aceptados. Si quienes aportaban la fuerza física eran los que trabajaban, los que no estaban en las acciones de despliegue físico no sólo no trabajaban, sino que se beneficiaban del trabajo de los primeros.

Algunas teorías de importancia surgidas en la segunda mitad del siglo XX crean las bases para modificar muy profundamente los supuestos del pensamiento económico tradicional. Curiosamente se desarrollan en la filosofía y en círculos académicos muy distanciados de las actividades empresariales. Sin embargo, están destinadas a tener un profundo impacto en la manera como concebiremos el trabajo y la empresa. El centro de estas teorías ha sido la reflexión sobre el lenguaje.

Durante siglos, la interpretación generalizada sobre el lenguaje le confería a éste un papel fundamentalmente descriptivo. Se entendía que el lenguaje servía para describir lo que percibíamos, lo que sentíamos o lo que pensábamos. Hablábamos, se pensaba, "sobre" las cosas, los hechos, las personas, sobre nuestras emociones o nuestras ideas. Lo que decíamos expresaba, transmitía, comunicaba, la manera como observábamos las cosas. Pero al hablar nada se modificaba. La palabra tenía un papel pasivo. El lenguaje y la acción era dos dominios separados. El lenguaje común todavía utiliza expresiones sustentadas en esta concepción. Se compone de "sólo palabras" aquello que se opone a la acción.

Esta interpretación ha sido objetada muy profundamente. A partir del trabajo del filósofo inglés J. L. Austin (1911-1960) y de la publicación en 1962 de su obra póstuma, *Cómo hacer cosas con palabras*, se ha reconocido que el lenguaje no es sólo pasivo y descriptivo. Efectivamente, podemos utilizarlo para describir lo existente. Pero además de ello, además de permitirnos describir lo que observamos, se ha reconocido que el lenguaje nos permite hacer que pasen ciertas cosas, cosas que de lo contrario, de no mediar la palabra, no habrían ocurrido. Se ha reconocido que el lenguaje tiene un papel activo y generativo. Es lo que llamamos el poder transformador de la palabra.

Examinemos algunos ejemplos que nos muestran el poder activo y generativo del lenguaje. Cuando una autoridad decreta el cierre de ciertas importaciones, modifica el mundo y cambia lo que ahora será posible para productores y consumidores. Cuando un directivo le dice a un empleado que está despedido, le significa tanto al empleado como a la empresa un cambio importante. Cuando el jefe le pide a su equipo que realice una nueva acción, ello crea un hecho que modifica el trabajo del equipo.

El lenguaje, hemos descubierto, es acción. A través de él generamos nuevos objetos y productos, transformamos el mundo, abrimos o cerramos posibilidades, construimos futuros diferentes. A través de él también vamos construyendo nuestras identidades, sean éstas tanto individuales como colectivas. Lo que decimos, lo que callamos, va progresivamente contribuyendo a definir cómo somos percibidos por los demás y por nosotros mismos. En mi libro *Ontología del lenguaje* he desarrollado extensamente esta nueva concepción del lenguaje.

No podemos sostener que este descubrimiento haya sido del todo nuevo en la historia de la humanidad. Tenemos antecedentes, por ejemplo, de que el pueblo hebreo reconocía en la Antigüedad el carácter transformador de la palabra. En arameo, que era el idioma antiguo de los judíos, se utilizaba una expresión que así lo reconocía. Se decía *"avara ka d'avara"* y ello significaba "la palabra transforma". Es muy posible que esa expresión haya pasado a los pueblos de Mesopotamia con ocasión del cautiverio de judíos en Babilonia de 586 a 518 a.C., y luego se haya convertido en la frase que utilizaban los magos persas para abrir lo que se encuentra cerrado y hacer posible lo que parece imposible: *abracadabra.*

Tampoco es extraño que en el Génesis del Antiguo Testamento, Dios aparezca creando el mundo y lo que en él habita, a través de este poder mágico de la palabra. "Hágase la luz", dijo Yahvé, y la luz se hizo. Antes del mundo, estuvo el poder creador de la palabra. El poder creador de la palabra pareciera identificarse con la noción de Dios, quien representa el poder de la palabra, la palabra misma en el despliegue de su poder transformador, por lo que "Él" no puede ser nombrado. Esta misma noción es luego recogida por Juan el Evangelista, en el Nuevo Testamento, cuando afirma que "en el inicio fue el Verbo", es decir, la Palabra.

El poder creador del mundo a través de la palabra había sido también reconocido por Heráclito, aquel gran sabio griego de la Antigüedad, que vivió en Efeso, Asia Menor, a fines del siglo VI a.C., cuando su ciudad estaba bajo el tutelaje del imperio persa. No sería extraño que esa inspiración de Heráclito remitiera, pasando por los persas, a los propios hebreos. Para Heráclito, el *Logos*, la palabra, era el fundamento de todo lo existente y aquello que transformaba el caos en orden, la multiplicidad en unidad y la unidad en multiplicidad. Luego de Heráclito, el reconocimiento del poder transformador de la palabra, el poder generativo del lenguaje, fue abandonado y olvidado. El *Logos* pasó a ser identificado con el poder explicativo de la razón. Pero ya estamos en un concepto diferente.

Directivos y gerentes trabajan utilizando el poder generativo del lenguaje. Con él motivan, instruyen, sancionan, conducen. A través de este poder, toman decisiones y resuelven problemas. No es la fuerza física lo que ellos utilizan, es el poder de la palabra. "Hágase tal cosa", prescriben, y tal cosa se hace. Si no lo dijeran, ello muy posiblemente no sucedería. Para hacer lo que hacen, sin duda requieren de conocimientos. Pero, insistimos, el conocimiento es requerido para hacer cualquier cosa en forma eficaz. No es el conocimiento lo que diferencia su trabajo del que realiza el trabajador manual. Es el hecho de que, mientras el primero utiliza el poder transformador de su fuerza física, los directivos y gerentes hacen uso del poder transformador de la palabra.

Nada de lo anterior pone en duda la importancia del conocimiento y su gestión en el interior de la empresa. Ello tampoco implica que, para el trabajador cuyo trabajo descansa en el poder transformador de la palabra, el conocimiento no sea un factor de la mayor importancia. No se trata, por lo tanto, de arrojar por la borda el tema del conocimiento. Muy por el contrario. Se trata de situarlo en un lugar diferente en el interior del debate empresarial. Lo que sostenemos es que el conocimiento no nos proporciona la mejor manera de comprender lo que se ha denominado el trabajo no manual.

Lo que hemos hecho, por lo tanto, es revisar la distinción entre trabajo manual y no manual que utilizara Drucker y hemos propuesto una distinción diferente entre el trabajo que se sustenta en el poder transformador de la fuerza física y el trabajo que acude al poder transformador de la palabra. En general, todo trabajo no manual se sustenta en el poder generativo del lenguaje. No estamos diciendo que el lenguaje no cumple ningún papel en el caso del trabajador manual. Pero no es en él donde descansa el poder transformador que es requerido por su tarea individual.

Al plantear la distinción en estos términos, resulta todavía más claro el principio de la heterogeneidad del trabajo. Lo que uno de ellos lleva a cabo es diferente de lo que acomete el otro. Ello no implica desconocer, por cierto, que ciertas tareas puedan realizarse tanto por uno como por el otro. Hay ciertas cosas, por ejemplo, que yo puedo acometer utilizando tanto la fuerza física como el poder de convencimiento que me confiere la palabra. Sin embargo, según cuál utilice, tanto la acción ejecutada como el resultado alcanzado serán diferentes. No se trata de resultados equivalentes. No da lo mismo lo uno o lo otro. Resultarán consecuencias diferentes si tomo un camino o el otro.

Una vez que reconocemos el poder transformador de la palabra disolvemos gran parte del misterio que parece rodear al trabajo de los trabajadores "no" manuales. Reconocemos el fundamento de su acción transformadora. No es posible ahora poner en duda, por ejemplo, la capacidad transformadora de directivos y gerentes y su incidencia determinante en la generación de valor en la empresa. El hecho de que conversen durante todo el día no implica que no estén trabajando. Muy por el contrario, se trata de la manera de ejecutar su trabajo. La idea de que su función sea parasitaria y que sólo se estén beneficiando del valor generado por otros, como lo supusiera Marx, ya no tiene ningún sentido.

Trabajo rutinario y trabajo creativo

El cambio que hemos propuesto acerca de la distinción entre trabajo manual y no manual, no es suficiente. De quedarnos allí, hay una dimensión importante del trabajo que no logramos revelar, dimensión que incide en el reconocimiento de su heterogeneidad, en la manera como nos planteamos el problema de la productividad y, por último, en el tipo de estructura organizativa que requiere.

Es importante distinguir también si el trabajo en cuestión, sea éste sustentado en el poder transformador de la fuerza física o de la palabra, consiste en la mera aplicación de procedimientos estándar, en cuyo caso hablaremos de trabajo rutinario, o un trabajo de índole creativa. Es de naturaleza sustancialmente diferente, por ejemplo, el trabajo que debe ejecutar un empleado que se limita a recibir órdenes de compra y efectuar los correspondientes registros o el trabajo que realiza un empleado en la caja de un banco, del trabajo, por ejemplo, de quien está diseñando una nueva campaña de publicidad o un nuevo producto.

Por sobre todo, se trata de trabajos que requieren mecanismos de regulación (de supervisión) muy diferentes. Así como puede ser necesario tener mecanismos de supervisión diarios del trabajo del cajero en el banco, sería altamente inconveniente ejercer el mismo tipo de supervisión en el caso del diseñador de la campaña publicitaria. Este último, para ser efectivo, requiere de un espacio de autonomía mucho mayor. Necesita, en su labor, hacer ensayos y cometer errores. Y requiere, por lo tanto, un tiempo de supervisión muy diferente. El tipo de supervisión requerido con el cajero, por otro lado, se acerca mucho más al tipo de regulación del trabajo que tradicionalmente ha realizado el capataz.

Hay otras diferencias importantes que se hacen visibles al introducir esta segunda distinción. El trabajo rutinario registra una probabilidad mayor de ser sustituido por tecnología que el trabajo creativo. El trabajo rutinario que descansa en la fuerza física puede ser robotizado o puede ser efectuado por máquinas que acuden a fuentes de energía diferentes. El trabajo rutinario que descansa en el poder de la palabra puede ser sustituido por programas informáticos capaces de efectuar buena parte de esos procedimientos estándar. Es el caso de muchos trabajos administrativos. La tasa de sustitución de trabajo por tecnología suele ser muy superior para los trabajos rutinarios, independientemente de estar sustentados en la fuerza o en la palabra.

La diferencia quizás más importante guarda relación con la capacidad de generación de valor de cada uno de estos trabajos. En un entorno altamente competitivo y de cambio permanente y acelerado, el trabajo creativo resulta determinante para la supervivencia de una empresa y ha ido ganando progresivamente una mayor influencia en la capacidad de generación de valor. A medida que pasa el tiempo, una proporción mayor de valor está siendo generada por el trabajo creativo sustentado en la palabra, a la vez que son estos mismos trabajadores los que están percibiendo proporciones crecientes del valor agregado producido por sus empresas. Sus sueldos suelen sobrepasar muchas veces a los de los más altos directivos y normalmente se les ofrecen atractivos paquetes accionarios como parte de sus contratos de trabajo.

Robert Reich nos describe adecuadamente este fenómeno y llama a estos trabajadores "los analistas simbólicos" por cuanto, según Reich, lo que los caracteriza a todos ellos es que manipulan símbolos. Enfatiza que no pueden ser confundidos, por ejemplo, con quienes trabajan en tareas rutinarias de administración, aunque ambos puedan ser vistos como trabajadores no manuales. Se trata, en rigor, de dos segmentos diferentes y altamente heterogéneos. La manera como se requiere atacar el problema de la productividad de cada uno de ellos plantea desafíos que no pueden compararse. La idea de que existe un segmento homogéneo de trabajadores que podemos englobar con el nombre de trabajadores no manuales comienza a diluirse.

Trabajo contingente y trabajo innovador

Los "analistas simbólicos" de Reich comprenden tres categorías diferentes: los que resuelven, los que identifican y los que agencian estratégicamente problemas. Su distinción, sin embargo, no nos es cómoda. Consideramos que su apego a la noción de símbolo y de problema es limitativa. Es indudable que muchos de ellos operan con símbolos, como también es cierto que suelen situarse en el ámbito de la formulación y solución de problemas. Desde nuestra perspectiva, sin embargo, quedan mejor caracterizados si entendemos que su labor es *la preservación y generación de oportunidades de negocio para la empresa.*

Más que trabajar con símbolos, estos trabajadores operan con cuestiones todavía más sutiles: *las posibilidades y los compromisos.* Su objetivo es mantener abiertas las posibilidades existentes, generar nuevas, y lograr aquellos compromisos que permitan aprovecharlas. Todo ello se hace a través del lenguaje. Pero no todo se realiza a través de la manipulación de símbolos. Mucho debe hacerse conversando: hablando y escuchando a otros, interpretando sus inquietudes o generando inquietudes nuevas en los demás, creando nuevos espacios emocionales a través de los cuales emerjan posibilidades que previamente estaban cerradas. De allí que consideremos de gran importancia desplazar esta reflexión del terreno de lo cognitivo, donde nos encontramos con los símbolos, y situarlo en el terreno de las acciones conversacionales, que es donde se generan las posibilidades y los compromisos.

Desde nuestra perspectiva, preferimos distinguir dos categorías dentro de los trabajadores creativos que recurren al poder de la palabra: aquellos que están fundamentalmente a cargo del manejo de *contingencias* y aquellos cuya labor es la *innovación*. El trabajador que opera con contingencias lo hace dentro de determinados parámetros preestablecidos, dentro de espacios de posibilidades ya definidos. Su responsabilidad es mantener abierto ese espacio de posibilidad y manejar las contingencias que pueden ocurrir para evitar que dicho espacio se cierre. Un ejemplo típico son precisamente los gerentes. Ellos no determinan lo que debe hacerse, los objetivos de la empresa. Ellos determinan las acciones a ejecutar en un contexto cambiante que permanentemente acecha y compromete las posibilidades de alcanzar los objetivos establecidos.

El trabajador que opera con contingencias es alguien que, por lo general, trabaja con personas, quienes poseen inquietudes diversas y cambiantes. Enfrentan problemas que modifican sus prioridades y que requieren ser resueltos. Admiten ser persuadidos de cuestiones y posibilidades que originalmente no tenían presentes. Están condicionados en su capacidad de desempeño por los espacios emocionales en los que se encuentren. Ello implica que un trabajador que opera con contingencias no puede recibir el tipo de instrucciones que requería el obrero tayloriano. No se le puede decir exactamente lo que tiene que hacer, pues las situaciones que enfrentará serán siempre diferentes y no se someten a la ejecución estricta de acciones prediseñadas. El tipo de competencias requerido por este trabajo son distintas. Se sitúan a un nivel más profundo y le permiten una alta flexibilidad al trabajador en su comportamiento. Diremos que se trata de *competencias genéricas.*

El trabajador innovador está, a diferencia del anterior, en la búsqueda de nuevas posibilidades. Para ello debe concentrarse en la detección pero, por sobre todo, en la *generación* de nuevas inquietudes, de nuevos productos, de nuevos procedimientos o procesos, de nuevas correlaciones de intereses en el entorno, etc. Se trata del gran diseñador de posibilidades. Puede estar en muy distintos lugares dentro de la empresa: diseñando nuevos productos, nuevas campañas, nuevas alianzas, etcétera. Eso no importa. Su objetivo es la generación de nuevas oportunidades de negocio. Después de todo, éste es el espacio que le confiere vigencia a la empresa. Lo que una empresa produce no son, en último término, determinados bienes o servicios, no son incluso determinados productos. Todos ellos pueden cambiar. Todos ellos son instrumentales. *Lo que una empresa realmente produce son oportunidades de negocio.*

Estos tres tipos de trabajos, estos tres perfiles de trabajadores, no suelen encarnarse en forma pura en distintas personas. Un trabajador de los denominados "no" manuales, suele combinar, en proporciones diversas, tareas rutinarias, contingentes e innovadoras. Podrá predominar una y otra en su desempeño normal, pero difícilmente encontraremos trabajadores no manuales cuyo trabajo se restringe exclusivamente a tareas rutinarias que implican la aplicación mecánica de procedimientos estándar preestablecidos.

Lo anterior es una consecuencia de trabajar con la palabra. El lenguaje nos sitúa siempre en relación con otra persona y no con un objeto material, como acontece con el trabajador manual. Las personas, a diferencia de los objetos, tienen un ámbito de autonomía en su actuar, son diferentes unas de otras, son dinámicas y por tanto cambiantes. Ello fija límites a la rutinización del trabajo.

Considérense distintos casos. Examínese, por ejemplo, el trabajo de una secretaria, de un vendedor, de un capacitador, de un jefe de proyecto. No nos es posible instruirlos de la manera como podemos hacerlo con el obrero en la línea de ensamblaje, al que se le especifica cada movimiento que debe ejecutarse. No sabemos lo que la persona al otro lado del teléfono le va a responder a la secretaria cuando ésta lo llame. No sabemos la respuesta que va a obtener el vendedor de un potencial cliente. Al no saberlo, no podemos instruirlo sobre lo que "tiene" que responder en ese momento.

La tridimensionalidad del trabajo

Una de las limitaciones de la concepción tradicional del trabajo era el hecho de que limitaba su alcance a la tarea individual: el trabajo encomendado a cada individuo. Lo que nosotros mismos hemos hecho hasta ahora, se ha circunscrito a la tarea individual. Pero sucede que el individuo no es la unidad básica de trabajo en el interior de una organización. Su unidad básica es *el proceso de trabajo*. Si en vez de centrarnos en los procesos de trabajo, lo hacemos en los trabajos individuales, dejamos de observar, evaluar y diseñar factores decisivos en la productividad del trabajo.

De allí que sostengamos que un examen riguroso del trabajo en la empresa debe reconocer la presencia de tres dimensiones diferentes:

1. La tarea individual.
2. Las actividades de coordinación.
3. El trabajo reflexivo de aprendizaje.

La tarea individual es el tema más tratado y, por tanto, el más conocido. Es más, gran parte de lo que nosotros mismos hemos sostenido hasta ahora, se refiere a la tarea individual: al trabajo que se le asigna a cada individuo y sobre el que le cabe una responsabilidad personal directa y exclusiva. Pero el trabajo en la empresa no es la simple suma de los trabajos individuales. Se trata de trabajos individuales articulados en procesos. Pues bien, la eficacia de un proceso no sólo depende de la eficacia de las tareas individuales que éste integra, sino, de manera no menos importante, de *las actividades de coordinación* que las articulan. Individuos altamente eficaces en sus tareas individuales pueden generar procesos altamente ineficaces si resultan incompetentes para coordinarse adecuadamente entre sí.

La productividad del trabajo, por lo tanto, no sólo depende de cómo resolvamos los problemas de productividad asociados a las tareas individuales. Ella también resulta de la manera como resolvemos los problemas de productividad de las actividades de coordinación. No nos olvidemos de que una de las importantes contribuciones de Henry Ford fue haber contribuido, con la línea de ensamblaje, a resolver problemas asociados con la productividad de las actividades de coordinación para el trabajo manual. Cabe advertir que ésta ha sido un área normalmente descuidada en muchos de los programas de transformación empresarial.

Las tareas individuales y las actividades de coordinación aseguran la productividad presente de los procesos de trabajo. Sin embargo, en un entorno cambiante, en el que todos los días surgen nuevos productos y sustitutos, nuevos procedimientos y tecnologías, la productividad no sólo se conjuga en tiempo presente. Es importante invertir tiempo hoy para asegurarnos de que seguiremos siendo productivos en el futuro. De lo contrario, tendremos garantizado el fracaso. Los éxitos presentes no son garantías de éxitos futuros.

Para garantizar éxitos futuros es importante que la empresa revise permanentemente la manera como trabaja, la forma como hace las cosas. Es importante que evalúe cuáles son las cosas que hace bien, para conservarlas; qué cosas hace mal, para corregirlas; qué cosas debería hacer y no hace, para incorporarlas. Es necesario que tenga un ojo puesto en la manera como otras empresas –y muy particularmente la competencia– opera, para detectar las mejores prácticas y aprender de lo que ellos hacen bien, de lo que hacen mal y de lo que no hacen. Es imprescindible que tenga permanente acceso a informaciones sobre los nuevos avances tecnológicos, los nuevos desarrollos científicos, las nuevas conversaciones sobre posibilidades que existen en su entorno. Pero no basta con tener acceso a las informaciones sobre lo que pasa. Es también conveniente que genere sus propios espacios para el desarrollo de alternativas de mejoramiento futuro.

El trabajo que hacemos sobre el trabajo presente, en la perspectiva de mejorarlo en el futuro, es lo que llamamos el *trabajo reflexivo de aprendizaje*. Se trata de un trabajo sobre el trabajo. En la actualidad el trabajo reflexivo de aprendizaje es una dimensión crucial del trabajo de una empresa. No podemos, por lo tanto, restringir el problema de la productividad a la tarea individual. El problema requiere abarcar cada una de las dimensiones del trabajo: la tarea individual, las actividades de coordinación y el trabajo reflexivo de aprendizaje. Todos ellos inciden en la productividad de la empresa.

CAPÍTULO 4

COMPETENCIAS CONVERSACIONALES: CLAVE DE LA PRODUCTIVIDAD DEL TRABAJO SUSTENTADO EN EL PODER DE LA PALABRA

Recapitulemos brevemente lo que analizamos en la sección anterior. Sobre el desafío que nos presenta Drucker, revisamos los términos en los que está planteado. Sostenemos que si bien el problema, en general, está brillantemente presentado, los términos en los que Drucker lo formula a su vez impiden su resolución. Es conveniente recordar lo que sostiene el filósofo francés Gaston Bachelard. Éste señala que *"un problema sin solución suele ser un problema mal formulado"*. Ello implica que, muchas veces, al modificar su formulación, abrimos simultáneamente las vías para su solución.

En otras palabras, las dificultades que encuentra Drucker no sólo tienen que ver con aspectos inherentes al problema que se propone resolver; también guardan relación con la manera como él mismo lo formula. Por lo tanto, la formulación es parte del problema al que Drucker nos convoca. Una de las cosas que aprendemos cuando trabajamos con el lenguaje, es el hecho de que éste muchas veces nos juega malas pasadas. El lenguaje no es inocente. Las palabras que utilizamos no dan lo mismo. Ellas tienen consecuencias. Abren y cierran posibilidades.

Pues bien, lo que hemos hecho es revisar la distinción entre trabajo manual y no manual y hemos propuesto sustituirla por la distinción que separa el trabajo sustentado en el poder transformador de la fuerza física, de aquel sustentado en el poder transformador de la palabra. También hemos visto que el conocimiento no es una cuestión inherente a un tipo de trabajo particular, sino que está ligado a toda modalidad de trabajo, independientemente del fundamento que lo sustente. Ello no impide admitir que el conocimiento como tal adquiera modalidades propias y gravitaciones diferentes en un tipo de trabajo y en otro.

La resolución del problema de la productividad del trabajo no manual se convierte entonces en la resolución del problema de la productividad del trabajo sustentado en el poder transformador de la palabra. Obviamente, de quedarnos allí es poco o nada lo que podemos hacer para encarar el problema de su productividad. Esto es equivalente a lo que le pasaba a Taylor cuando reconocía que el trabajo manual se sustentaba en la destreza física del trabajador. No nos olvidemos: su gran contribución consistió en haber desagregado la noción de destreza física en movimientos y tiempos.

¿Podemos hacer algo equivalente con la noción de la palabra? Sostenemos que sí. El despliegue de la palabra, su ejercicio, la palabra en acción, en estado práctico, nos conduce a la noción de conversación. Podemos señalar que toda palabra emitida nos conduce inevitablemente al dominio de la conversación, sea ésta una conversación que busco mantener con otros o una conversación que mantengo conmigo mismo, en la que yo soy mi propio interlocutor. La palabra no existe por sí sola, siempre existe en una relación con otro, aunque ese otro pueda ser yo mismo. Pues bie: esa relación en que toda palabra inevitablemente nos coloca es lo que llamamos "conversación".

Es importante advertir que estamos usando el término conversación en un sentido particular que no siempre coincide con el sentido corriente. Ello por cuanto entendemos por conversación toda palabra en acción, incluyendo, como lo planteamos antes, cuando me hablo a mí mismo e incluyendo también cualquier medio que pueda utilizar para relacionarme con otros a través de la palabra. Cada vez que escribo algo, por lo tanto, entiendo que estoy conversando.

Una vez situado en el dominio de las conversaciones descubro que me es posible hacer la misma operación que realizó Taylor cuando desagregaba la destreza física en movimientos y tiempos. De la misma manera, *puedo ahora desagregar el poder transformador de la palabra en un conjunto específico y concreto de* **competencias conversacionales**. Esta, destacamos, es una operación de la mayor importancia, pues en ella encuentro la clave para incidir precisamente en la productividad del trabajador denominado no manual.

Colocado en el terreno de las conversaciones me es posible ahora distinguir, por ejemplo, los diversos componentes que participan en una conversación. Puedo reconocer en el interior de toda conversación tres subdominios diferentes: el lenguaje, la emocionalidad y la corporalidad (como señalamos antes, la corporalidad no es privativa del trabajo manual). En cada uno de esos subdominios encontramos, a su vez, un conjunto de competencias conversacionales específicas que inciden directamente en la eficiencia y efectividad del trabajo.

Si tomamos, por ejemplo, el subdominio del lenguaje, reconocemos en él las variadas competencias que remiten tanto al escuchar como al hablar. Tomemos la primera: ¿quién puede dudar de la importancia que reviste escuchar para la productividad del trabajo no manual? ¿Cómo incide escuchar en la productividad de un directivo, de un jefe de proyecto, de un vendedor, de un asesor? ¿Cómo podemos garantizar una escucha más efectiva? ¿De qué herramientas disponemos para ello? En el ámbito del escuchar hay un conjunto de competencias conversacionales a adquirir que tienen directa incidencia en la productividad.

Tomemos ahora el habla. Cuando exploramos las condiciones asociadas a su efectividad encontramos, por ejemplo, que es posible reconocer nuevamente un conjunto de competencias que afectan directamente la efectividad del trabajo no manual. Comprobamos, por ejemplo, que en las acciones conversacionales que emprende un trabajador no manual requieren combinarse diferentes modalidades de habla. Descubrimos que, en la medida en que el trabajador sea incompetente en alguna de ellas, su efectividad se resiente y los resultados de su conducta conllevan importantes consecuencias en sus equipos de trabajo las que, a su vez, comprometen también la productividad de la empresa.

De la misma manera, constatamos que, en la medida en que estamos aceptando que al hablar actuamos, nos cabe distinguir diferentes acciones que realizamos al hablar, cada una de las cuales incide directamente en la efectividad de nuestro trabajo. A estas acciones las llamamos los *"actos del habla"* o los *"actos lingüísticos básicos"*. De allí surgen muchas competencias conversacionales concretas. Entre ellas están incluidas, por ejemplo, la manera como hacemos y fundamos nuestros juicios, la manera como los entregamos y los recibimos, la manera como pedimos y ofrecemos, la manera como elaboramos y cumplimos nuestras promesas, etc. ¿Quién puede dudar del efecto de estas competencias en la productividad del trabajador no manual? ¿Qué cabe esperar, por ejemplo, de un trabajador que no tiene las competencias para fundar los juicios que hace con respecto a las consecuencias de las acciones que emprende? ¿Qué cabe esperar de un empleado que tiene dificultades para pedir? ¿O que, cuando pide, lo hace en forma poco efectiva? ¿Qué consecuencias puede tener eso en su equipo de trabajo? ¿Qué pasa cuando éstas son áreas de incompetencias generalizadas en los trabajadores no manuales de la empresa?

Si tomamos a continuación el subdominio de la emocionalidad, las conclusiones que extraemos son equivalentes. Descubrimos que, de acuerdo con la emocionalidad que predomine en un individuo, en un equipo de trabajo o en la empresa en su conjunto, las acciones que se emprendan serán muy diferentes. Por tanto, la emocionalidad es un componente determinante de la productividad de todos ellos. Pero, tal como reconocemos que la emocionalidad afecta en la acción, descubrimos también que es posible intervenir en la emocionalidad de una persona o de un grupo a través de las acciones conversacionales que emprendamos. Nuestras acciones conversacionales pueden, por lo tanto, modificar la emocionalidad desde la cual emprendemos muchas otras acciones, incidiendo directamente en los resultados que obtenemos. Esto último es decisivo en la acción gerencial. La emocionalidad se nos revela, por lo tanto, como un área de importantes competencias para el trabajador no manual. Lo mismo podríamos señalar si trabajáramos el subdominio de la corporalidad. No lo haremos.

Trabajar con los componentes de una conversación es sólo una línea para determinar competencias conversacionales. Una segunda línea guarda relación con el examen de diversas tipologías de conversaciones requeridas para labores diferentes en la organización. Los componentes de toda conversación, como los ya apuntados, se organizan de manera diferente para la ejecución de conversaciones orientadas a objetivos diversos. No sólo es importante, por lo tanto, ganar competencias en los aspectos relacionados con los componentes de una conversación; es igualmente necesario tener las competencias conversacionales adecuadas para saber reconocer y mantener los distintos tipos de conversaciones.

Por ejemplo, se requieren competencias muy diferentes para efectuar un reclamo en forma eficaz que para participar en una conversación que busca evaluar alternativas y generar nuevas posibilidades. Hay quienes no son competentes en determinadas conversaciones. Cuando hacen un reclamo, por ejemplo, terminan por comprometer la relación con la otra persona. Cuando participan en una conversación para generar posibilidades, la manera como lo hacen sólo cierra posibilidades. ¿Les son familiares estas situaciones? Pues bien, ¿cómo impactan estas incompetencias en la productividad de las personas o los grupos?

No es éste el lugar para detallar y desarrollar el conjunto de competencias conversacionales asociadas con el denominado trabajador no manual. Ellas son parte de los diversos programas de formación gerencial que impartimos en Newfield Consulting. De todas formas, cabe mencionar a dos autores que se han destacado por profundizar en varias de ellas: Fernando Flores y Chris Argyris.

Es importante reconocer cómo nos hemos desplazado de la noción de conocimiento que formaba parte del planteamiento de Drucker. A estas alturas pensamos que resultará claro para el lector que el conocimiento no es la clave de la productividad del trabajo no manual. El conocimiento como tal no garantiza desempeños superiores, las conversaciones sí. *Sólo la acción puede ser productiva.* Las conversaciones son acciones. Al conversar estamos actuando, estamos interviniendo. Lo podremos hacer con más o menos conocimiento y ello será determinante en los resultados. Pero el énfasis tiene que colocarse en la acción y no sólo en el conocimiento que la acompaña. De allí que Taylor buscara la productividad en la relación entre movimientos y tiempos. Los movimientos pueden ser más o menos productivos. Las conversaciones también.

La productividad de la tarea individual

Decíamos que el trabajo en la empresa tiene tres dimensiones diferentes: la tarea individual, las actividades de coordinación y el trabajo reflexivo. Buena parte de lo señalado en la sección anterior apunta al reconocimiento de que la productividad de las distintas *tareas* del trabajador no manual (de aquel que opera con el poder transformador de la palabra) remite a las competencias conversacionales que éste exhiba en su actuar. Ello es igualmente válido para el trabajo rutinario, para el trabajo contingente o para el trabajo innovador.

En cada uno de ellos, sin embargo, las competencias requeridas, el tipo de conversaciones que requieren manejarse, pueden ser diferentes. En el caso del trabajo rutinario, la productividad guarda relación con el apego a determinados procedimientos conversacionales estándar que, con flexibilidad, deben guiar el desempeño del trabajador. Aquí podemos desarrollar estos procedimientos conversacionales estándar para garantizar una mayor productividad. En el caso del trabajo contingente el tipo de procedimientos expresa por sí mismo el peso de la contingencia, de lo no programado o programable. La flexibilidad de los procedimientos estándar requiere ser mayor.

Por último, en el caso del trabajo innovador, sin negar la posibilidad de desarrollar estructuras de procedimientos, el nivel de flexibilidad es todavía mucho más alto en la medida en que se trata un trabajo que genera productos nuevos, no predeterminados. La innovación, por definición, es la producción de lo nuevo. Ello implica que no podemos saber de antemano cuales son los pasos que hay que dar para generarlo. De saberlo, ello implica que ya conocemos el producto y no hay innovación. Pero, insistimos, ello no implica que no podamos establecer las condiciones conversacionales adecuadas que acompañan el trabajo innovador, que estimulan la creación de lo nuevo, que le hacen de "caldo generativo".

A todo lo anterior, se añade el hecho ya apuntado de que el trabajo fundado en la palabra suele ser, en medida importante aunque no exclusiva, un trabajo que efectuamos con personas. Y decimos no exclusiva porque él también incluye, por ejemplo, el trabajo de producción de narrativas, de interpretaciones, de explicaciones, el trabajo de registro o de procesamiento de información, etc., todos los cuales incluyen momentos de trabajo individual, donde el trabajador está aislado. Pero por lo general, se trata de un trabajo que involucra, a nivel de la tarea individual, a otros como parte central de lo que debe hacerse.

Tal como lo planteamos previamente, cuando se incluye a otras personas, con capacidad autónoma de acción, las competencias a alcanzar requieren de un mayor nivel de flexibilidad. No funciona la aplicación rígida de instrucciones, donde especificábamos cada uno de los movimientos a ser ejecutados, tal como podemos hacerlo con el trabajador manual de Taylor.

Este es un tipo de trabajo que se sustenta en lo que hemos denominado *competencias genéricas*. Competencias más profundas que podemos adecuar a diversas circunstancias, que suelen ser bastante más independientes de las particulares condiciones del presente, que permiten su permanente perfeccionamiento en el tiempo y que, por lo tanto, no están delimitadas de una vez y para siempre. Ejemplos de competencias genéricas son la competencia del escuchar, o aquellas competencias requeridas en la constitución y cumplimiento de promesas. Este carácter flexible y abierto de estas competencias, representa un antecedente adicional para afirmar la importancia del trabajo reflexivo y el aprendizaje.

La productividad de las actividades de coordinación

Esperamos haber mostrado la estrecha relación entre la tarea individual del trabajador no manual y las competencias conversacionales, como requerimiento de la productividad del trabajo. Si examinamos ahora las actividades de coordinación, constatamos que estas son también estrictamente conversacionales. Es más, el lenguaje es la gran herramienta que poseen los seres humanos para coordinar acciones entre sí, y para coordinar incluso la forma como coordinan acciones. Decíamos que la productividad de los procesos de trabajo en la empresa no resulta sólo de la productividad de las tareas individuales que conforman dichos procesos, sino que dependen en una medida equivalente de la manera como esas tareas se coordinan entre sí. Pues bien, las tareas no se coordinan solas. Quienes las coordinan son las personas, que efectúan para ello peticiones, ofertas y promesas.

Esta ha sido en el pasado un área muy descuidada, a la que se le prestara escasa atención, y representa, por lo tanto, un terreno de grandes oportunidades para obtener incrementos en la productividad del trabajo no manual. Uno de los méritos de las propuestas de la reingeniería de procesos ha sido preocuparse por elevar los rendimientos de los procesos en el interior de la empresa. Lo que la reingeniería propone es una metodología para examinar los procesos existentes, evaluarlos y rediseñarlos, de manera de hacerlos más efectivos.

Su énfasis, sin embargo, ha estado en la eliminación de ineficiencias, tanto en las tareas efectivamente requeridas por los procesos como en los tiempos utilizados en ellos. Uno de los problemas que se ha buscado detectar y resolver, por ejemplo, ha sido aquel denunciado con claridad por Drucker: la existencia de trabajo no manual redundante, no necesario, independientemente de cuán eficientemente se esté realizando. Ello ha permitido limpiar muchos procesos de trabajo innecesario y acortar sustancialmente la duración de los mismos. Procesos que previamente tomaban ocho meses, ahora pueden realizarse en uno.

Además de las comprensibles resistencias que la reingeniería de procesos ha encontrado en muchas empresas, muchas veces suscitada por su bien ganada reputación de eliminar muchos puestos de trabajo, particularmente en el sector de gerentes medios, esta propuesta ha mostrado al menos dos debilidades. En primer lugar, sucede que muchas veces sus criterios de evaluación para determinar si una determinada función agrega valor o no, han sido muy estrechos, y varias empresas han constatado que al rediseñar sus procesos han dejado de generar determinados resultados, que a la postre descubren que les eran valiosos y que no estuvieron considerados en la fase de evaluación. Ciertos tipos de trabajos generan resultados positivos en el interior de la empresa, resultados que no siempre son los que explícitamente se esperan de ellos y que sólo son detectados cuando tal trabajo desaparece.

Esto se ha traducido en el despido de ciertos empleados, a quienes se les ofrecen atractivos paquetes de despido, por considerarse que aportan muy poco a la productividad de determinados procesos, y que deben ser recontratados más tarde al descubrirse que cumplían funciones importantes que no fueron oportunamente reconocidas. Algunas veces vuelven como consultores, con honorarios mucho más altos que los que percibían anterior. Ésta, sin embargo, es una debilidad que puede irse corrigiendo con el tiempo, según se vayan perfeccionando los criterios de evaluación. Con todo, hay que reconocer que la reingeniería de procesos hace un aporte significativo a la productividad de la empresa, logrando detectar trabajos poco efectivos. No es extraño, por lo tanto, que mereciera el fuerte respaldo de Drucker.

La segunda debilidad es de otro carácter y guarda relación con la manera en que los procesos son concebidos y, consiguientemente, llevados a cabo. Para esto último se utilizan diagramas de flujos que identifican las distintas tareas que conforman el proceso, las que se colocan en pequeñas cajas; luego se trazan flechas uniendo una caja con otra y reflejando lo que se ha denominado "zonas de contacto" entre tareas diferentes. De esta manera, se obtiene un panorama global de todas las tareas involucradas y de la secuencia que sigue el proceso. Lo que la reingeniería normalmente hace es evaluar si las tareas y la secuencia que aparecen en el diagrama son las más eficientes desde el punto de vista de los recursos que consume y las más efectivas desde el punto de vista de su contribución a la generación del valor.

El énfasis de la reingeniería ha estado, por lo tanto, en las tareas individuales y en la secuencia entre ellas, pero ha descuidado la importancia que revisten las actividades de coordinación en el interior de los procesos. Dicho de otra forma, su mirada ha estado puesta en las pequeñas cajas (las tareas) y no en las flechas o "zonas de contacto" (las actividades de coordinación). Curiosamente, se suele reconocer que es precisamente en esas "zonas de contacto" (donde la mirada no se coloca), donde suelen estar las mayor oportunidades para incrementar la productividad del proceso. Rummler & Brache señalan, por ejemplo, que

"en esas zonas de contacto suelen estar las mayores oportunidades para mejorar la actividad de la empresa. Un director orientado al proceso controlará estrechamente las zonas de contacto y eliminará toda barrera que presenten para la eficacia y la efectividad".

Sin embargo, la metodología de reingeniería por ellos propuesta, no plantea, ni creemos que pueda siquiera preguntarse, cómo intervenir en ellas.

Para poder intervenir en las actividades de coordinación es preciso aceptar el carácter conversacional de la coordinación y reconocer las competencias conversacionales específicas que en ella participan. De lo contrario, por mucho que se insista en que en ellas hay grandes oportunidades para mejorar los procesos, éstas no podrán ser aprovechadas. De allí que veamos la necesidad de que la reingeniería de procesos reoriente su enfoque y sustituya su énfasis en los diagramas de tareas por una mirada orientada hacia los diagramas de conversaciones. Estas conversaciones no sólo darán mejor cuenta de las tareas, sino que lograrán abarcar también las actividades de coordinación. De esta forma se asegura un impacto mucho mayor en el incremento de la productividad de esos mismos procesos.

La principal contribución en esta área ha sido la realizada por Fernando Flores. Éste no sólo se ha preocupado por especificar el conjunto de competencias conversacionales comprendidas en las actividades de coordinación, sino que inició el desarrollo de lo que se ha denominado "tecnologías *workflow*". Estas tecnologías transfieren parte importante de los requerimientos de eficacia que aportan estas competencias a programas informáticos que ahora son utilizados para realizar las actividades de coordinación. En la medida en que estos requerimientos se automatizan, la tecnología garantiza que no estén ausentes al coordinarse dos o más actividades. Estas contribuciones, a nuestro parecer, son equivalentes a la realizada por Henry Ford al resolver parte de los problemas de la coordinación del trabajo manual a través de la introducción de la línea de ensamblaje.

Cuando se logra combinar el rediseño de los procesos de negocio de una empresa con la implantación de tecnologías *workflow* y con programas de formación en el desarrollo de competencias conversacionales, dirigidos al conjunto de los trabajadores incluidos en dichos procesos, el efecto que se alcanza en la productividad de éstos resulta asombroso. La combinación de estos tres elementos: rediseño de procesos, tecnología *workflow* y capacitación en competencias conversacionales, es explosiva. Nuestra experiencia de trabajo, en Newfield Consulting, de procesos de intervención orientados en esta dirección –como el que realizáramos, por ejemplo, en Lagomar, unidad de explotación de PDVSA, en Venezuela–, es un testimonio de este importante impacto.

La productividad del trabajo reflexivo de aprendizaje

Se ha dicho que el trabajo no sólo comprende la tarea individual y las actividades de coordinación, sino que incluye una tercera dimensión que llamamos el trabajo reflexivo de aprendizaje. Sosteníamos que éste es el trabajo que estamos obligados a efectuar sobre el trabajo presente para garantizar nuestra capacidad de seguir siendo efectivos en el futuro. De no hacer el trabajo reflexivo de aprendizaje, en el futuro sólo podremos repetir lo que hoy estamos haciendo. En un mundo que todos los días está modificando los estándares de efectividad, ello se traduce en garantía de que lo que hoy hacemos estará obsoleto mañana.

Sin embargo, el desafío va todavía más lejos. De allí que insistamos en la palabra "reflexivo" que utilizamos para hablar de esta dimensión de trabajo. No basta con trabajar sobre la forma en que hacemos las cosas (tareas individuales y actividades de coordinación); es también necesario trabajar sobre la manera como trabajamos. El trabajo reflexivo de aprendizaje tiene esa característica: se vuelve sobre sí mismo en un espiral infinito. Es importante considerar este fenómeno pues vamos a encontrarnos crecientemente con muchas manifestaciones de esta dimensión reflexiva. Ella, por lo demás, es la expresión de uno de los rasgos más sobresalientes del lenguaje humano: su capacidad reflexiva, su capacidad de volverse sobre sí mismo y de estar en condiciones, por ejemplo, de preguntarse por el tipo de preguntas que nos estamos haciendo.

Sostenemos que, dentro del capital intelectual que posee una empresa, una parte muy importante guarda relación con su capacidad reflexiva. No basta con saber ejecutar determinadas acciones directas. Resulta cada vez más importante saber también trabajar sobre la forma como trabajamos. Resulta cada vez más importante desarrollar capacidad reflexiva.

Permítasenos un paréntesis. Ha llegado a ser un lugar común sostener que en la empresa del futuro lo único constante será el cambio. Que todo lo demás estará sujeto a permanentes transformaciones. Ello muchas veces hace suponer que nada se estabilizará. De ser así, el mero preguntarse por la estructura organizativa de la empresa del futuro no tendría ningún sentido.

El hecho de que estemos escribiendo este trabajo y nos estemos preguntando precisamente por los elementos que caracterizarán a la empresa del futuro demuestra que no compartimos esa tesis. Pensamos que la empresa del futuro sí estabilizará una particular estructura, a la vez que estará sujeta a transformaciones permanentes. La capacidad reflexiva que ella deberá exhibir es, precisamente, uno de los rasgos estables de la empresa del futuro. La importancia que adquirirán las competencias conversacionales genéricas será otro. Y así podríamos mencionar varios otros rasgos. El carácter del cambio que afecta a la empresa tradicional puede equipararse con el tránsito de la monarquía, como régimen de gobierno, a la república democrática. La segunda es una estructura abierta al cambio permanente. Pero ello no impide reconocer que las repúblicas democráticas poseen una determinada estructura.

La empresa tradicional, siguiendo a Taylor, separaba drásticamente el hacer del obrero, del pensar del ingeniero. El trabajo reflexivo quedaba, por lo tanto, restringido al segundo. Pues bien, uno de los elementos obsoletos de la empresa tradicional es precisamente esta separación. Ello por varias razones. La primera, por cuanto esta separación no tiene sentido cuando se trata de trabajadores no manuales, muchos de los cuales son profesionales que realizan labores altamente complejas, que requieren de altos niveles de formación. Suele no haber en el interior de la empresas personas mejor calificadas que ellos mismos para discernir las mejores formas de mejorar lo que están haciendo. Simplemente no es viable pensar que para el variado rango de profesionales que hoy se desempeñan en las empresas, podremos generar los ingenieros capaces de diseñarles a cada uno la mejor forma de hacer las cosas. Ello no implica que esos profesionales estén hoy en condiciones de efectuar adecuadamente esa reflexión y ese aprendizaje. Pero sí significa que ellos son los que deben ganar las competencias que los equipen para efectuar este trabajo reflexivo.

Una segunda razón afecta a los propios obreros, a los trabajadores manuales. En la actualidad, con los niveles de automatización de la producción y con las condiciones de competencia que las empresas enfrentan en el mercado, las circunstancias han dejado de ser las que existían a fines del siglo XIX y comienzos del XX, cuando Taylor efectuaba su propuesta. El nivel educacional del obrero de hoy es muy superior al que disponía en 1910.

Además, hoy reconocemos que el trabajador manual está expuesto a reconocer en su entorno laboral inmediato posibilidades de mejoramiento que el ingeniero no logra percibir y que la empresa no puede desaprovechar. Por otro lado, hay una presión por el mejoramiento que muchas veces hace muy lento esperar que los problemas alcancen a llegar a la mesa del ingeniero para que éste los resuelva.

Ello ha abierto el espacio para formar a los propios obreros en un conjunto de competencias que les permita llevar a cabo por lo menos parte del trabajo reflexivo. Los "círculos de calidad", impulsados por el movimiento de calidad, han sido una expresión concreta de desplazamiento en esta dirección. Pero, en general, gran parte del movimiento de gestión de calidad total se ha orientado en este mismo sentido: generar herramientas, procedimientos, metodologías, que permitan el desarrollo de las competencias requeridas por el trabajo reflexivo de aprendizaje. Ese es el carácter que tienen, por ejemplo, propuestas como las de los modelos WV o PDCA, por mencionar algunos de los modelos más característicos del movimiento de calidad.

No es extraño, por lo tanto, encontrarnos con expresiones como las que aparecen en el libro de Shoji Shiba, Alan Graham y David Walden, *A New American TQM*. Ellos escriben:

> "¿Por qué es necesario el "market-in"? El concepto "product-out" se ciñe a la teoría de la división del trabajo de Taylor: unas personas trabajan siguiendo procedimientos estándar, y otras trabajan en la mejora. El concepto "market-in" elimina este concepto de separación de tareas o funciones. Al contrario, el concepto postula la función dual del trabajo; esto es, cada uno trabaja en el cumplimiento de procesos estándar (trabajo diario), y en la mejora. La dificultad de la teoría de la división de funciones de Taylor (entre otros problemas) es que no permite reaccionar con la rapidez suficiente para satisfacer a los clientes en el mundo de hoy, con sus cambios acelerados."

Un planteamiento a este respecto que nos parece interesante es el que desarrollara Donald A. Schön, el ya desaparecido profesor del Massachusetts Institute of Technology (MIT). Schön nos reitera que ha llegado el momento de corregir la separación que a nivel de la sociedad global hemos establecido entre trabajo y pensamiento, entre acción y reflexión. La manera como la sociedad en su conjunto ha manejado hasta ahora estas dos dimensiones de la existencia humana, ya no nos sirve.

El profesional, el trabajador intelectual, no ha sido equipado con las competencias para desarrollar capacidad reflexiva desde su propia acción profesional. Su responsabilidad ha sido la de aplicar los conocimientos que se le entregaron durante su formación. La reflexión, por su parte, se ha concentrado principalmente en instituciones académicas que no están vinculadas a los requerimientos de la acción. No disponemos –y resultan cada vez más urgentes– metodologías suficientes para sustentar un tipo de reflexión diferente de aquella a la que hemos estado acostumbrados. Se requiere, nos dice Schön, de una *reflexión-en-la-acción*. El profesional del futuro requiere transformase, insiste Schön, en un *practicante reflexivo*, que sepa integrar acción y reflexión, de manera de producir un permanente enriquecimiento de su hacer.

Pues bien, así como constatamos que la tarea individual del trabajador no manual y las actividades de coordinación descansan en competencias conversacionales, al examinar el trabajo reflexivo de aprendizaje no podemos dejar de reconocer que éste, de igual forma, descansa en procedimientos conversacionales específicos. La reflexión, la actividad del pensar, no es otra cosa que la aplicación de determinadas prácticas conversacionales. Algunas de ellas pueden llevarse a cabo individualmente, muchas otras involucran a otros. Pero se trata siempre de un conjunto particular de competencias conversacionales. Una vez que lo entendemos así, desmitificamos el fenómeno del pensar y reconocemos que éste es un dominio de aprendizaje como cualquier otro. El problema ahora consiste en identificar y desarrollar esas prácticas conversacionales reflexivas. Tema éste que obviamente excede los objetivos del presente trabajo.

Si tomamos, por ejemplo, los modelos propuestos por el movimiento de calidad, lo que encontramos son precisamente un conjunto de prácticas conversacionales a través de las cuales el trabajo reflexivo de aprendizaje puede llevarse a cabo. No es extraño, por lo tanto, que dentro de ese movimiento se haya observado, desde muy temprano, una gran sensibilidad por las cuestiones del lenguaje y un vivo interés por vincularse con los avances registrados en esta área. Testimonio de ello es la influencia que ejerce la obra de los Hayakawa en algunas de las vertientes más poderosas del movimiento de calidad. La relación de colaboración que hemos mantenido con el Center for Quality of Management (CQM), en Massachusetts, así nos lo atestigua.

La importancia del trabajo reflexivo de aprendizaje expresa el compromiso presente de la empresa por el trabajo futuro y juega un papel equivalente al que ha adquirido el trabajo innovador a nivel de la tarea individual. Ambos vuelcan a la empresa hacia el futuro, hacia el cambio, hacia la transformación y el aprendizaje como disposiciones permanentes. Ya no se trata sólo de diseñar los procedimientos más eficaces para realizar el trabajo o de buscar las mejores prácticas para importarlas a la empresa. Ello, por supuesto, sigue siendo importante. Pero no es suficiente. No basta con buscar la estandarización de las prácticas que han demostrado ser mejores.

La mirada debe estar puesta todavía más adelante: en lo que todavía no se dispone, aquelo que no se conoce. El compromiso está en la capacidad de descubrir las insuficiencias de las prácticas estándar de hoy y de superarlas. El objetivo es asegurarse que uno mismo haga obsoleta la forma propia de operar, antes de que lo haga la competencia. Para ello, es necesario que la propia empresa esté en permanente competencia consigo misma, con su presente. Ella debe ser su más duro y exigente competidor.

Es necesario erradicar la complacencia, el sentido de satisfacción que pueda producirnos la manera como hacemos las cosas en el presente y que nos lleva a la inmovilidad. El presente siempre puede ser mejorado, superado. Lo que atrae al comportamiento se ha desplazado hacia el futuro. Desde allí opera. Como nunca, es el futuro el que debe determinar lo que hoy se hace. Ello convierte a la innovación y al aprendizaje en los grandes motores del desarrollo empresarial.

De allí la importancia que ha adquirido el tema del *aprendizaje organizacional,* cuyo principal portavoz ha sido Peter Senge y cuyo lugar fundamental de debate y difusión lo constituye la *Society for Organizational Learning (SOL).* El problema básico del aprendizaje no reside en que haya determinadas cosas que aprender, y las hay en abundancia. El problema consiste en que la empresa debe estar permanentemente aprendiendo como parte de su quehacer cotidiano. El aprendizaje es hoy en día parte inherente del trabajo. En el pasado hablábamos de aprendizaje cuando detectábamos un "algo" que requería ser aprendido. En la actualidad ello se ha invertido. El aprendizaje es una disposición básica que está buscando, inventando, lo que requiere ser aprendido y que, como disposición, debe estar presente incluso antes que asome lo que se aprenderá.

La empresa del futuro será una organización en constante aprendizaje y ello debe traducirse en su estructura y forma de organización. Ello implica múltiples desafíos, muchos de los cuales están lejos de haber sido resueltos. El aprendizaje no es sólo una manera de incrementar nuestras competencias, nuestra capacidad de acción. Es también una acción en sí misma, que requiere de competencias propias. Hasta ahora, el énfasis estaba puesto en las acciones que se aprendían, pero escasamente en las acciones que aseguran aprendizajes eficaces. Se nos enseña muchas cosas, pero no se nos enseña a "aprender a aprender". Y resulta que "aprender a aprender" es la madre de todas las competencias, de ella nacen todas las demás.

CAPÍTULO 5

HACIA UN NUEVO MODO DE HACER EMPRESA

Los nuevos mecanismos de regulación del trabajo

En el contexto descrito, el "mando y control" no sólo muestra ser insuficiente; en ámbitos crecientes del quehacer empresarial resulta ser altamente nocivo e inconveniente. Como planteamos anteriormente, el "mando y control" le establece un "techo" al desempeño y, por lo tanto, lo congela. Una vez alcanzados los desempeños que han sido determinados, sólo nos cabe mantenerlos. Pero nada nos impulsará a nuevos aprendizajes, nada nos impulsará a innovar. Experimentar, en ese contexto, es algo falto de criterio, es comprometer los resultados deseados.

Sin embargo, para aprender debo aceptar que cometeré errores, para innovar necesito de la experimentación y de fracasos iniciales. No es posible llegar a desempeños superiores sin cometer errores. No es posible innovar, inventar nuevos productos o procesos, sin experimentar alternativas que posiblemente no funcionarán. Es necesario un mecanismo de regulación del trabajo que, garantizando un "piso", ciertos desempeños mínimos en el tiempo, permita e impulse que el trabajador aprenda y logre innovar.

El "mando y control", como fuera ya argumentado, tiene problemas incluso más serios. Por un lado, no logra obtener del trabajador no manual su pleno potencial de desempeño. No sólo no lo impulsa a aprender y a innovar, sino que subutiliza lo que éste ya sabe, desaprovechando sus competencias presentes. Quienes dan las instrucciones saben menos que quienes las reciben y desconocen lo que éstos podrían hacer.

Por otro lado, no lo olvidemos, se trata de un mecanismo de regulación sustentado en la emocionalidad del miedo, del temor a las consecuencias del incumplimiento. El miedo podrá ser más o menos visible en las relaciones de trabajo, pero estará siempre presente. El miedo es un elemento inherente del trasfondo que sustenta las relaciones de trabajo en la empresa tradicional y representa el fundamento de su *ethos organizacional*, del tipo de convivencia que se establece en ella.

El miedo es una emocionalidad fuerte, que muchas veces nos lleva a someternos a las condiciones que se nos imponen y a la voluntad de otros. El miedo nos dobla, nos frena, nos inhibe, nos cierra. El miedo nos lleva a evitar el peligro y a eludir el riesgo. Como tal, es una emocionalidad contraindicada para el aprendizaje y la innovación. Estas últimas requieren de emocionalidades expansivas, que produzcan apertura y disposición al riesgo. Tanto con el aprendizaje como con la innovación, entramos en terrenos desconocidos y, para hacerlo, necesitamos estar provistos de emocionalidades que nos impulsen a sortear obstáculos y encarar desafíos. El miedo hace exactamente lo contrario.

Las nuevas relaciones de trabajo requieren estar reguladas por mecanismos diferentes, que limiten o eliminen el papel del miedo. Mientras más importante sea el trabajo no manual, mientras mayor sea la presencia del trabajo contingente o innovador y mayores sean los desafíos de aprendizaje, más importante será contrarrestar el poder del miedo y más inadecuado será el "mando y control" como mecanismo de regulación.

Los nuevos mecanismos de regulación requieren sustentarse en una emocionalidad diferente. Esta emocionalidad es *la confianza.* Su importancia es destacada reiteradamente por el actual debate empresarial, que hace permanentes referencias a ella. La confianza es la emocionalidad clave del nuevo modo de hacer empresa. Con confianza el trabajador se abre al aprendizaje, se atreve a innovar, acepta cometer errores y confrontar sus ignorancias e incompetencias. ¿Cómo desplazarse del miedo a la confianza? ¿Cómo se construye o cómo se destruye la confianza? Son preguntas de las que nos haremos cargo más adelante. Por ahora, sólo nos interesa señalar su importancia.

Las nuevas modalidades de gestión

La empresa, sin embargo, no puede dejar de realizar algún tipo de supervisión sobre el conjunto de las tareas individuales, para asegurar que ellas sirvan a los objetivos de la organización. Pero en vez de buscar instruir cada acción que debe ser ejecutada –o incluso la manera de realizar dicha acción y los movimientos que ella exige–, la empresa requerirá modificar sus modalidades de gestión.

Le corresponderá especificar desafíos y objetivos generales a ser alcanzados, en un diálogo permanente con quienes disponen de las competencias para la generación de posibilidades y oportunidades de negocio. Para ello, deberá conceder espacios significativos de *autonomía responsable* a sus empleados, permitiéndoles explorar y experimentar. Su énfasis deberá desplazarse de un control de acciones, para la cual descubrirá no estar capacitada, a una *gestión de resultados.*

Pero no se trata de limitarse a esperar que estos resultados se produzcan para entonces evaluarlos. El tipo de gestión que debe desarrollarse es una *gestión de procesos* en cuanto son éstos los que generan los resultados. El trabajo individual altamente calificado no siempre permite un adecuado control de las acciones o tareas específicas que en él están involucradas. Pero sí requiere de una gestión que asegure su adecuada participación en los procesos de los que forma parte. El especialista sabe de su especialidad y en su ejecución requiere de un ámbito importante de autonomía, pero su formación y experiencia no necesariamente garantizan la eficiencia y efectividad de los procesos de los que forma parte. Y, sin embargo, la manera como realiza sus diversas acciones gravita determinantemente en la eficiencia y efectividad de tales procesos. Una adecuada gestión de resultados involucra, por lo tanto, una *gestión de procesos.*

Esta misma idea ha sido reiterada por Michael Hammer:

"Necesitamos volver a la idea según la cual las personas no están enfocadas en una tarea determinada o una actividad aislada, sino hacia un resultado. Y ¿qué produce ese resultado? Un proceso. No una tarea individual sino un conjunto de tareas."

Pero Hammer va incluso más lejos pues sostiene que:

"el concepto tradicional de gestión de empresa está llegando al final del camino. La noción de gestión como idea significante en sí, como una parte importante de la organización, está obsoleta. Creo que habrá tres tipos de personas en la organización del futuro. Tendremos una gran mayoría que serán los creadores de valor agregado, los que harán el trabajo real –ya sea trabajo rutinario o altamente creativo–. Tendremos un pequeño conjunto de *coaches* que facilitarán su trabajo y les capacitarán y tendremos un puñado de líderes que serán los que dirijan la organización." *(Traducción corregida.)*

El nuevo perfil de autoridad: el *coach*

La figura de autoridad de la empresa tradicional, quien ejercía el "mando y control" sobre el trabajador, era el capataz. El conjunto de la estructura gerencial, de mando, se edificaba sobre su figura. En la relación trabajador-capataz, este último era indiscutiblemente el que detentaba el poder. La función del trabajador era servir al capataz y cumplir lo que éste le ordenaba. El capataz era, en último término, quien evaluaba su desempeño. Las relaciones del trabajador con su capataz estaban marcadas por esta fuerte asimetría de poder entre ambos.

Pues bien, esta figura está en retirada. Con el predominio creciente del trabajo no manual, la figura del capataz no funciona. En primer lugar, nadie suele saber mejor que el propio trabajador altamente calificado lo que debe hacer y cómo debe hacerse. Su jefe, normalmente, no lo sabe tan bien como él. Ello, de por sí, modifica la profunda asimetría previa de poder entre el jefe y el trabajador y, consiguientemente, transforma el tipo de relación entre ellos.

El jefe ya no está allí para ordenarle al trabajador lo que debe hacer. ¿Para qué está entonces? Fundamentalmente para dos cosas. Primero, para asegurar que lo que el trabajador haga sea coherente con lo que quiere la empresa. Segundo, y esto es importante, para asegurar que el trabajador pueda hacer su trabajo en las mejores condiciones posibles, para poder alcanzar su máximo rendimiento. En otras palabras, el jefe está allí, entre otras razones, *para facilitar su rendimiento, para servirlo.*

Ken Blanchard sostiene que la nueva relación entre el jefe y el trabajador invierte la tradicional pirámide organizativa:

> "En la pirámide habitual, el jefe es siempre responsable y los subordinados se supone que están dispuestos a aceptar al jefe. Cuando usted vuelve la pirámide al revés, dichos pa-

peles se invierten. La gente se convierte en responsable, y la labor de la dirección consiste en estar bien dispuesta hacia ellos. Esto crea un ambiente muy diferente para la puesta en práctica. Si usted trabaja para su gente, su propósito como líder consiste en ayudarles a alcanzar sus objetivos. La labor de la puesta en práctica de los líderes consiste en ayudar a la gente a triunfar apoyándoles y eliminando las barreras, de manera que puedan alcanzar los objetivos que harán que la visión se convierta en una realidad."

Desde una perspectiva convergente, Warren Bennis nos insiste que la empresa emergente exige "un nuevo tipo de líder". El líder de la nueva empresa, nos señala Bennis, "tendrá que ser líder de líderes". Y luego añade:

"El trabajo principal del líder de líderes es (...) potenciar a otros líderes, lo que significa, en primer lugar, crear las condiciones que expandan la habilidad de todos los empleados de tomar decisiones y crear el cambio. Pero, más que eso, significa que el líder debe ayudar de manera activa a sus seguidores a alcanzar su máximo potencial de liderazgo."

Como puede apreciarse, estamos en un entorno de trabajo muy diferente del que nos había acostumbrado la empresa tradicional. Michael Hammer lo describe así:

"Es un trabajo en un entorno enfocado y conducido hacia el cliente, en el cual equipos de profesionales, con autonomía y responsabilidad, crean un producto final. Y lo hacen no bajo la mirada de águila de un capataz severo, sino bajo el benigno tutelaje de un directivo consejero."

Y luego añade:

"En efecto, el directivo se convierte en un *coach*. Alguien cuyo papel es aconsejar, apoyar, facilitar, para permitir a los miembros del equipo que cumplan con su trabajo. Pero no basándose en la premisa de que los directivos están mejor calificados para hacerlo, porque, francamente, si estuviesen más calificados para hacerlo, seguramente lo estarían haciendo ellos mismos, sino porque su aporte está en amplificar y mejorar el trabajo del equipo." *(Traducción corregida.)*

¿Qué es un *coach*?

Es importante desarrollar, aunque sea de forma breve y resumida, la noción de *coach*. El término proviene del ámbito de los deportes. En ellos, resulta una experiencia habitual el hecho de que un equipo que durante largo tiempo ha exhibido un desempeño mediocre, alcance desempeños sobresalientes luego que se hace cargo de él un nuevo *coach*. A la vista de todos, el equipo es irreconocible. Pero también lo son sus miembros, pues comienzan a realizar acciones que previamente resultaban inimaginables.

Muchos jugadores están perfectamente conscientes de que tanto su desempeño como el desempeño del equipo se debe a la labor del *coach*. Michael Jordan, por ejemplo, del equipo de los Toros de Chicago, quizás el mejor jugador de básquetbol de todos los tiempos, se resistía a jugar bajo el tutelaje de alguien que no fuera Phil Jackson, su *coach*. Jordan sabía que lo que había logrado alcanzar no se debía sólo a su propio esfuerzo. Sin duda, éste era importante. Pero nunca hubiera alcanzado el nivel de excelencia si no hubiese sido por la mano de Jackson.

Desde hace mucho tiempo el mundo empresarial observaba este fenómeno con admiración, preguntándose cómo hacer algo equivalente con los equipos de trabajo en el interior de las empresas. ¿Qué hacían estos hombres y mujeres? ¿En qué consistía la "intervención" de un *coach*? ¿Era posible trasplantar esa experiencia del mundo de los deportes al mundo de la empresa?

Durante algún tiempo se buscó un trasplante casi directo de la experiencia de *coaching* y los primeros que hablaban de lo que debía hacerse en las empresas eran algunos *coaches* deportivos. Sin embargo, ello no produjo mayores resultados. Quienes son buenos para hacer algo, no siempre son los mejores para articular lo que hacen y se trataba, por lo demás, de un contexto diferente, en el que no tenían siempre cabida las intervenciones que el *coach* realizaba al trabajar con jugadores que movían una pelota en la cancha.

Desde entonces, el "*coaching* empresarial" ha tenido un desarrollo autónomo. Uno de los programas básicos y más importantes en nuestra empresa, Newfield Consulting, es precisamente *The Art of Business Coaching*, un programa internacional de nueve meses de "*coaching* empresarial". ¿Cuáles son las premisas que rigen un programa de este tipo?

Sin extendernos demasiado sobre el tema, podemos señalar que la noción del *coaching* se funda en el reconocimiento de que tanto la capacidad de acción como la capacidad de aprendizaje de las personas no es lineal ni homogénea, sino discontinua. Ello implica que no basta con la intención de realizar determinadas acciones o aprendizajes, no basta con una adecuada motivación para abrir la posibilidad de hacer algunas cosas que no podemos hacer. Hay desempeños que muchas veces no nos satisfacen, a partir de los cuales generamos resultados que no nos gustan, que recurrentemente nos generan los mismos problemas. Quisiéramos hacer las cosas de otra manera, pero simplemente no sabemos cómo hacerlo. El problema no está en que no nos demos cuenta de que nuestras acciones son ineficaces. Lo sabemos. El problema reside en que no logramos romper el círculo que nos lleva a repetir esos resultados negativos. No logramos siquiera detectar qué es aquello que hacemos mal, aquello que compromete negativamente nuestro desempeño.

Cuando ello sucede, se ha abierto el espacio para el *coaching*. El *coach* es alguien que, provisto de distinciones y competencias que otra persona no posee, observa lo que ésta hace y detecta los obstáculos que interfieren en su desempeño, con el propósito de mostrarle lo que no ve y conducirla a emprender las acciones que la lleven a alcanzar los niveles de desempeño a los que aspira. Esos obstáculos no son sólo externos. Por el contrario, muchas veces se trata de obstáculos que el propio individuo a quien lo guía un *coach* introduce en su desempeño y de cuya presencia o efectos no está consciente. Las competencias del *coach* a menudo le permiten mostrarle a la persona a la que guía posibilidades que éste no lograba observar por sí mismo y que le permitirán hacerse cargo en mejor forma de sus propias inquietudes. Todo individuo y todo equipo de trabajo encuentran obstáculos en sus posibilidades de desempeño, obstáculos que no logran observar ni son capaces de disolver por sí mismos. La tarea fundamental del *coach* es precisamente la de facilitar la identificación y disolución de aquellos obstáculos que limitan la acción y el aprendizaje.

Los *coaches*, por lo tanto, son *facilitadores del aprendizaje*. Ese es su dominio de competencias. Lo que ellos realizan no es una "terapia", aunque hay quienes puedan acudir a un terapeuta cuando a veces enfrentan situaciones como las que hemos descrito. Los *coaches* simplemente promueven experiencias de aprendizaje que individuos y equipos no pueden desarrollar por sí mismos.

El directivo de la empresa del futuro requerirá disponer de las competencias de un *coach*, tal como lo señaló Hammer. Debe ser alguien capaz de identificar los obstáculos que obstruyen el desempeño y el aprendizaje de su gente y desarrollar intervenciones capaces de disolverlos. Estos obstáculos no son puntuales. No se trata de que, una vez que los hayamos identificado y hayamos contribuido a su disolución, de ahora en adelante los obstáculos desaparezcan. Toda acción es discontinua y por lo tanto toda acción encuentra límites en su capacidad de desempeño. Al disolver un primer obstáculo y expandir la capacidad de acción de un individuo o equipo, sólo pasamos a un nivel diferente en que el que se manifestarán nuevos obstáculos. La tarea del *coach* no se detiene.

La estructura formal de la empresa emergente

Cuando se ha venido abajo el mecanismo de "mando y control" y el tipo de relación de autoridad que éste establecía, y se ha comprometido severamente la figura del capataz, la estructura piramidal y jerárquica de la empresa tradicional deja de tener sentido. Es más, con los avances de las nuevas tecnologías de información y, particularmente, a partir de la expansión de las aplicaciones integradas para el manejo de procesos, esa estructura no sólo resulta innecesaria, sino que se convierte en un estorbo para el adecuado desempeño de la empresa.

Las nuevas empresas de punta, especialmente en el campo de las nuevas tecnologías, asumen formas muy diversas y muy alejadas del tipo de estructura que caracterizó a la corporación tradicional. Existe ahora una adecuación entre el tipo de desafíos que la nueva empresa debe encarar y su estructura formal. Ya no disponemos de un mismo modelo de estructura que se aplica, en chico o en grande, para todas las empresas. General Motors ha dejado de ser el paradigma de cómo debe estructurarse una empresa. Por el contrario, hoy General Motors se ha transformado el paradigma patético de la crisis de la empresa tradicional.

No disponemos, por lo tanto, de un modelo formal de estructura empresarial de aplicación universal. Cada empresa debe ahora preguntarse por el tipo de estructura que más le conviene, según lo que hace y se propone realizar. Ello quizás hace el problema algo más difícil de lo que era antes. Pero disponemos de criterios para construir estas nuevas estructuras. Buena parte de lo que hemos intentado en este trabajo ha sido proveer los criterios más generales que cada empresa, en función de su propia realidad, deberá utilizar para el diseño de su propia estructura. Por muy difícil que pueda parecer esta tarea, no cabe duda de que nos resultará todavía más difícil y costoso si insistimos en encarar los nuevos desafíos con la estructura del pasado.

Es muy posible que las empresas del mañana no tengan estructuras homogéneas, no se estructuren siguiendo un sólo criterio, sino que tengan que diseñar estructuras diversas para realizar sus diferentes funciones. Tales estructuras dependen del tipo de combinación de trabajo que sea necesario en cada una de esas funciones. Si el trabajo es más rutinario o si es más creativo, si el trabajo creativo es más contingente o innovador, ello va a demandar mecanismos de regulación diferentes y estructuras correspondientes que los sustenten. La empresa del futuro tenderá, por lo tanto, a constituirse como una articulación horizontal de redes, con gran flexibilidad, gran capacidad de cambiar de forma, con gran movilidad horizontal entre sus distintos empleados, que pasarán de una tarea a otra, de un tipo de responsabilidad a otra diferente.

En la empresa tradicional la visión globalizadora y de conjunto se realizaba en la cúspide de la pirámide. Desde allí, se observaba a la empresa como totalidad y se garantizaba la coherencia de sus diversas políticas. Ahora no existirá esa cúspide de la pirámide. La pirámide ha sido tronchada. Ello implica la necesidad de sustituir la manera de preservar esa visión de totalidad, esa mirada sistémica a la empresa y su entorno. Los nuevos líderes deberán adquirir esa mirada sistémica de totalidad de otras formas. Muy posiblemente deberán ser capacitados para ello. La mirada sistémica no es una mirada espontánea en los seres humanos y normalmente requiere de una formación especial. Pero otra manera de alcanzarla será a través de una gran movilidad horizontal que le permita a un grupo importante de individuos dentro de la empresa familiarizarse con funciones muy diferentes, en lugares distantes de la estructura. Ésta ya es una política que muchas empresas aplican y con gran éxito. El caso de Royal Dutch/Shell así lo demuestra.

Nos resistimos, por lo tanto, a ofrecer diagramas de cómo será formalmente la empresa del futuro. Pensamos que tendrá caras y cuerpos muy diferentes y que, con el tiempo los irá también transformando. Comparada con la empresa tradicional, sabemos que será más horizontal, con menos niveles jerárquicos y más flexible. En algunos casos, es muy posible que asuma la forma de una red de redes, quizás con un centro en el medio, como sucede con una telaraña. Pero incluso la noción de centro no es estrictamente necesaria desde un punto de vista formal. Es muy posible que haya empresas con varios centros o algunas en las que la misma pregunta por el centro pueda quizás resultar absurda.

Los parámetros de la empresa emergente

Como un intento de recapitulación creemos conveniente comparar los rasgos de la empresa tradicional con aquellos que hemos ido progresivamente especificando como rasgos de la empresa emergente. Nuestra lista no pretende ser exhaustiva y sabemos que estas caracterizaciones no agotan un esfuerzo cabal por describir ambos tipos de empresa. Se trata, por lo demás, de comparar un tipo de empresa que conocemos bien y de la que sabemos su ciclo de vida prácticamente completo, con una empresa que, como decíamos al inicio, no ha terminado todavía de nacer. Esta última podrá, sin duda, depararnos muchas sorpresas. Con todo, estamos convencidos de que hoy disponemos de antecedentes suficientes, tanto a nivel de propuestas conceptuales como, por sobre todo, a nivel de experiencias prácticas, para anticipar algunos de sus rasgos más importantes.

Veamos en consecuencia cómo se nos presentan, a la luz de nuestro análisis, la empresa tradicional y la empresa emergente:

Criterios	Empresa tradicional	Empresa emergente
Trabajo preponderante	Trabajo manual	Trabajo no manual
Fundamento del trabajo	Destreza física	La palabra
Clave de la productividad	Movimientos y tiempos	Competencias conversacionales
Mecanismo de coordinación	Línea de ensamblaje	Resideño de procesos (*workflow*)
Locus reflexivo	Localizado: el ingeniero	Difuso: practicante reflexivo
Mecanismo de regulación	"Mando y control"	Autonomía responsable
Carácter de la regulación	"Techo"	"Piso"
Emocionalidad de base	Miedo	Confianza
Perfil de autoridad	Capataz	*Coach*
Tipo de organización	Piramidal y jerárquica	Horizontal y flexible
Criterio guía	Estandarización	Aprendizaje organizacional

De vuelta a la transformación

Iniciamos este trabajo refiriéndonos a los desafíos de transformación que actualmente enfrentan las empresas. Dijimos que la gran mayoría de ellas exhiben serias dificultades al encararlos. Muchas de estas dificultades resultaban del hecho de que les es difícil mirar a la transformación con un horizonte de largo plazo y, por lo tanto, como un proceso de radical reestructuración para, progresivamente, abandonar los moldes de la empresa tradicional y avanzar hacia un nuevo modo de hacer empresa, sustancialmente distinto del anterior. La transformación suele enfrentarse con una mirada de corto o mediano plazo y, muchas veces, respondiendo a cambios en el entorno, como la aparición de nuevas propuestas o tecnologías o los cambios que lleva a cabo la competencia.

El objetivo de este trabajo ha sido el argumentar que *la empresa tradicional ha muerto* y que no habrá quien pueda resucitarla; y entregar criterios que sirvan mejor; para encauzar las políticas de transformación. La empresa tradicional respondió –y entonces lo hizo muy bien– a condiciones que ya no existen. Quienes sigan apegados a ella correrán inevitablemente el peligro de desaparecer. Profundos cambios, tanto externos como internos, exigen un modo diferente de hacer empresa.

Es fundamental, por lo tanto, que toda empresa reflexione sobre esto y comprenda que los reales desafíos de la transformación están, no sólo en responder a pequeños desafíos inmediatos, sino en avanzar hacia la construcción de un nuevo modo de hacer empresa. Mientras más las acerque esa reflexión a entender el carácter de la crisis y las nuevas exigencias a las que tendrá que responder la empresa del futuro, en mejores condiciones se encontrarán las empresas y sus directivos para dirigir los esfuerzos de la transformación hacia objetivos capaces de garantizar el éxito del mañana.

LA CONFIANZA

En memoria de Niklas Luhmann

INTRODUCCIÓN

La confianza, viga maestra de la empresa del futuro

La confianza será un elemento clave en la construcción de la empresa del futuro, e irá adquiriendo progresivamente un papel decisivo en las nuevas relaciones de trabajo. La empresa tradicional regula el trabajo a través del mecanismo del "mando y control". El jefe ordena lo que hay que hacer y cómo hay que hacerlo, y luego controla el cumplimiento. El jefe, a su vez, responde ante su propio jefe, quien establece con él relaciones equivalentes. El trabajador obedece pues teme las consecuencias que resultarían de no hacerlo.

El "mando y control" funciona pues se apoya, en último término, en la fuerza del miedo. En la medida en que garantizamos que las órdenes se cumplan, las relaciones de trabajo pueden adquirir un rostro más amable. Pero cuanto más nos acercamos a la línea del incumplimiento, ellas tienden a mostrar más descarnadamente los elementos en los que efectivamente se sustentan.

El "mando y control" está en crisis. Luego de haber servido de pilar de la empresa tradicional, ya no opera con la efectividad de antaño. La estructura entera de la empresa tradicional, edificada sobre él, ha comenzado a derrumbarse. Hoy se inventan nuevas modalidades de organización. Las nuevas empresas evitan el paradigma de la empresa tradicional. Intuyen que ése no es el camino capaz de conducirlas al éxito. Sin embargo, predomina la confusión, la falta de claridad con respecto al tipo de empresa que es necesario construir.

El síntoma principal de la crisis del "mando y control" ha sido su pérdida de efectividad. Cuando nació la empresa tradicional, los trabajadores reclamaban, por cuanto sentían que se les superexplotaba, que se les obligaba a trabajar más que antes. Hoy en día, un número creciente de trabajadores suelen reportar que están desempeñándose muy por debajo de su potencial efectivo de trabajo. Señalan que sus empresas no logran realmente darse cuenta de lo que podrían hacer y no les crean las condiciones para hacerlo. Es más, acusan que dentro de la dinámica de funcionamiento empresarial de hoy no encuentran nada que los lleve a producir lo que dejan de hacer.

¿Qué ha pasado? Durante las últimas décadas, se ha producido una fundamental transformación en el carácter del trabajo. Se ha transitado de una empresa en la que el trabajo manual era el preponderante, el más numeroso y el que más contribuía al proceso de generación de valor, a una empresa en la que ahora predomina el trabajo no manual, tanto cuantitativamente como en su aporte a la creación de valor. Se ha pasado de una fuerza de trabajo relativamente homogénea y escasamente calificada, a una masa laboral educada, con gran diversidad de conocimientos y competencias.

En la actualidad el jefe no puede simplemente mandar y controlar. Suele tener a su cargo trabajadores muy diferentes, con formación en distintas áreas de especialidad y con conocimientos que superan con creces los que él tiene en esas áreas. El jefe no puede simplemente indicarles lo que ellos deben hacer o cómo deben hacerlo, pues él mismo no lo sabe. Tampoco puede controlar cuán bien hecho está el trabajo, pues no está capacitado para evaluarlo adecuadamente. Si pretende que sus subordinados hagan lo que él les instruye, obtendrá de ellos una parte muy reducida de lo que son capaces de hacer. Y eso es exactamente lo que está pasando.

Crecientemente comienza a reconocerse la necesidad de instaurar nuevas relaciones de trabajo. Se acepta que, en las actuales condiciones, el miedo ha perdido eficacia. El jefe ya no asusta de la misma forma como lo hacía en el pasado y parece haber perdido su capacidad de lograr rendimientos máximos. Es más, comenzamos a entender que, si bien el miedo era un elemento de presión frente al trabajador manual, que lo impulsaba a producir más, no ocurría lo mismo con el trabajador no manual. Bajo la influencia del miedo el trabajador no manual rinde menos. En vez de expandir su capacidad de acción, la contrae.

Lo anterior es particularmente válido cuando se trata de trabajadores no manuales no rutinarios, de los que se espera una labor creativa, sea que deban hacerse cargo de contingencias, responder a desafíos de innovación o verse incluidos en importantes procesos de aprendizaje. En cada uno de estos casos, el miedo opera como un gran inhibidor, constriñendo la capacidad de acción del trabajador. Como toda emocionalidad, el miedo nos predispone para determinadas acciones, pero nos limita muy profundamente para otras. El tipo de acciones que esperamos del trabajador no manual no se ven favorecidas por los mecanismos tradicionales de regulación del trabajo.

En este contexto, cada vez se escucha con mayor fuerza la necesidad de generar relaciones de trabajo fundadas en la confianza. Se descubre que en la medida en que la empresa genera relaciones de confianza, logra mejores resultados de sus trabajadores. El tema de la confianza gana adeptos y ha adquirido gran popularidad durante los últimos años. Se habla de la importancia de la confianza en círculos cada vez más amplios. La vemos mencionada en un número cada vez mayor de publicaciones sobre empresas.

En efecto, se habla de la confianza. Sin embargo, sorprende lo poco que se la conoce. Uno se encuentra con que se la menciona muy a menudo, pero escasamente con una adecuada comprensión del fenómeno. Menos todavía con indicaciones claras que permitan deducir cómo se la construye, cómo se la administra, cómo se la destruye y cómo es posible restaurarla una vez que ella ha sido lesionada. Este trabajo pretende responder a esas preguntas.

La confianza y las relaciones sociales

La confianza es el fundamento de toda relación social que no esté sustentada en la fuerza. Para establecer una relación como la que existe entre el carcelero y su prisionero no hace falta confianza. Basta con aplicar la fuerza para privar al prisionero de su libertad y basta con mantener la amenaza de la fuerza para evitar que la reconquiste. Las relaciones de trabajo de un régimen de esclavitud no requieren de la confianza, pero sí requieren de un aparato represivo que permita la aplicación de la fuerza cuando dicha relación amenace con desintegrarse.

No siempre es necesaria la aplicación formal de la fuerza para establecer relaciones "forzadas" de trabajo. Muchas veces la estructura del sistema social impone a los sectores más desvalidos la necesidad de entrar en determinadas relaciones de trabajo como condición para asegurar su supervivencia. En la medida en que no dispongan de otras alternativas claras para asegurarse el empleo, los trabajadores viven su experiencia de trabajo como si ésta estuviera sustentada en la fuerza, aunque dispongan formalmente de la libertad para rescindir dicha relación.

Todas las demás relaciones sociales que no se basan en la fuerza requieren sustentarse en la confianza. Ésta es el elemento unificador básico, el que hace de "cemento" en la relación. Si no hay confianza, es difícil concebir una relación entre el padre y el hijo, entre los miembros de una pareja, entre el maestro y el alumno, entre amigos, entre el médico y el paciente, entre integrantes de un mismo equipo de trabajo, entre gobernantes y gobernados, etc. Sin confianza, cada una de esas relaciones se ve comprometida y tenderá a disolverse.

Una relación sustentada en la confianza no es necesariamente una relación entre iguales. Muchas de ellas son altamente asimétricas, desde el punto de vista de la distribución del poder entre sus miembros. Pero el fundamento del poder es diferente. En las relaciones sustentadas en la confianza, el poder se ejerce por autoridad y no recurriendo a la fuerza. Cuando el fundamento del poder es la autoridad, quienes lo ejercen lo reciben de aquellos sobre los cuales ese mismo poder se aplica. La autoridad es siempre un poder conferido. Por lo tanto, se trata de un poder que puede ser siempre revocado. El criterio clave para otorgarlo, así como para revocarlo, es la confianza. Si confío en que mi maestro sabe, le otorgaré autoridad. Si, por el contrario, pierdo esa confianza y descubro que realmente no sabe lo que decía saber, dejaré de conferirle esa autoridad.

Un breve "desvío" ontológico

Para entender adecuadamente el fenómeno de la confianza, pedimos permiso para efectuar un breve "desvío" que nos permitirá situarlo en el interior de lo que llamamos "la perspectiva ontológica". ¿Qué es esto? Cuando hablamos de perspectiva ontológica, estamos haciendo referencia a algo simple: estamos remitiendo un determinado problema a la respuesta que damos a la pregunta sobre lo que significa ser humano. Pedimos al lector que no se deje inhibir por la aparente jerga filosófica. Ya se dará cuenta de que lo que diremos le incumbe y habla de él.

Usamos el término ontología en el sentido acuñado por el filósofo alemán Martin Heidegger (1889-1976) quien la concebía –a diferencia de la tradición filosófica anterior–, como la respuesta que damos a la pregunta por aquel ser que se pregunta por el ser. Ese *ser que se pregunta por el ser* no es otro que el ser humano. No conocemos otro. Ningún otro ser, de los que conocemos, tiene esa capacidad que exhibe todo humano de interrogarse sobre su ser y asomarse a su comprensión.

Es propio del ser humano, nos dice Heidegger, tener que enfrentarse con el problema de su ser. No es éste un problema que interese sólo a los filósofos. Muy por el contrario. Se trata de un problema que ningún ser humano puede eludir. Esto lleva a decir a Heidegger que la forma en que todo ser humano encare ese problema comprometerá su existencia. El ser humano, nos dice Heidegger, es un ser al que en su ser se le va el ser. Examinaremos lo que esto significa.

Al asomarse a este problema, el ser humano reconoce que su ser es incierto, que está amenazado, que es precario, finito e incompleto. El ser humano es un ser que vive desde la *incertidumbre,* desde el reconocimiento de su gran *vulnerabilidad*. Se trata de un ser en cuya existencia su ser no está garantizado. En otras palabras, el ser humano debe reconocer que su ser no es algo que pueda dar por sentado, que su ser no está asegurado, sino que tiene que "hacerse cargo" de él. De no hacerlo, de "dejarse estar", compromete su existencia, "se le va el ser". Su ser, por lo tanto, y en medida importante, depende de él mismo. Éste es el desafío fundamental de toda existencia humana.

El ser humano emerge a la existencia descubriendo que, sin haberlo escogido, tiene en sus manos una inmensa responsabilidad: "hacerse cargo de sí", de su ser. Según Heidegger, uno de los rasgos más sobresalientes del ser humano es el descubrirnos "arrojados" en el mundo y en la existencia, sin haber optado por ello. Nos descubrimos en un mundo que no hemos escogido, en un mundo que puede agradarnos o desagradarnos, y este es un hecho que no podemos modificar. Sólo nos cabe "hacernos cargo" y lidiar con ello de allí para adelante.

Esto permite reconocer que los seres humanos estamos en el mundo con modalidades que nos son características, que nos son propias. El estado en el que estamos en el mundo es siempre el de "hacernos cargo" de nosotros mismos, el de la *inquietud* con relación a la propia existencia y a sus formas de inserción en ese mundo en el que uno se descubre arrojado. Esta forma de "ser-en-el-mundo", que nos es propia, implica proyectarse a enfrentar un futuro que se nos presenta como alternativas que encierran, cada una de ellas, amenazas y posibilidades.

¿Qué nos dice lo anterior con respecto al tipo de existencia que caracteriza a los seres humanos? En primer lugar, a diferencia de lo que sucede con otros seres que habitan en ese mismo mundo, el ser humano *"se comporta"* respecto de las cosas de su mundo. El ser humano, en su actuar, no sólo reacciona a lo que acontece, sino que *responde* de acuerdo con la manera como se observa a sí mismo y a la manera como observa el mundo y las cosas que en él habitan. Su actuar depende del tipo particular de observador que él es y de las *inquietudes* que resultan de su mirada, de su manera de tener sentido de sí mismo y del mundo. El ser humano tiene disposiciones, actitudes, emociones, hacia el mundo y ellas afectan la manera como responderá, como se comportará.

En segundo lugar, el ser humano es una modalidad de existencia en permanente estado de elección. Se trata de una existencia a través de la cual observa al mundo como un espacio de posibilidades que tiende a abrirse o a cerrarse. Su capacidad de acción es un factor importante para que suceda una cosa u otra. El ser humano no puede evitar esto, no depende de él. El rechazar escoger es, de por sí, una forma de escoger y ello trae consecuencias de las que el ser humano tiene obligadamente que "hacerse cargo" pues sabe que, de haber actuado en forma distinta, de haber optado por escoger, algo diferente podría haber pasado.

En tercer lugar, el ser humano está tratando permanentemente de comprenderse a sí mismo, de comprender a su mundo y su relación con él. El ser humano, por lo tanto, representa una particular forma de ser que busca entender su propio ser, tener sentido de sí mismo, del mundo y de su existencia. Las respuestas que obtenga serán determinantes para su propia existencia. Si siente que su vida no tiene sentido, como en un determinado momento lo hiciera Hamlet, su vida misma se pone entonces en cuestión. Para existir, el ser humano tiene que ser capaz de conferirle sentido a la vida. Debe estar en condiciones de alimentar permanentemente el juicio de que su existencia "tiene sentido". De lo contrario, "se le va el ser", lo deja ir.

No es posible interrogar a una planta sobre su actitud con respecto al suelo en el que crece. Ésta sólo reacciona al suelo de acuerdo con su naturaleza y la del suelo. Pero podemos interrogar a un ser humano sobre su ser y sobre su existencia. En la medida en que todo ser humano está él mismo interrogándose sobre ello, siempre tendrá algo que decirnos y responderá a nuestras preguntas. No sólo reaccionará a ellas, sino que será capaz de entrar en conversación con nosotros.

Todo lo anterior se traduce en que la "naturaleza" del ser humano no está del todo definida. El ser humano es un ser abierto, un ser en realización, un ser en un permanente devenir. Su ser está determinado en cada momento por la manera como actúa, como escoge, como tiene sentido de sí mismo y del mundo. Éste es un ser que participa en la construcción de su ser, en la invención de sí mismo. De allí que toda vida pueda ser concebida como la *obra de arte* de quien la vive, de ese ser que es responsable de sí mismo pero que es a la vez su propio creador.

Este reconocimiento es propio de la perspectiva ontológica, que al procurar comprender al ser humano, a ese ser que se pregunta por su ser, sabe que su propia forma de ser está en sus manos y que depende de la manera como haga uso de su capacidad de acción. Desde esta misma perspectiva, la verdad no es sino un camino, un desplazamiento permanente, nunca un lugar al que se pueda acceder para quedarse en él.

Heidegger sostiene que esa forma particular de ser que somos los seres humanos está fundada en el lenguaje. Es nuestra capacidad de lenguaje la que determina que tengamos esta forma particular de ser y la existencia que le corresponde. El lenguaje, nos dice Heidegger, "es la morada del ser". Es gracias al lenguaje que el ser humano se interroga, se pregunta por su ser e inicia la búsqueda del sentido. El lenguaje le permite entrar en conversación consigo mismo y con otros. Somos una conversación, nos dice Heidegger. En el trasfondo de esta conversación está siempre el problema del ser, del que todo ser humano se ve obligado a "hacerse cargo". El lenguaje es lo que hace humanos a los seres humanos.

La confianza como dominio básico de vulnerabilidad

Heidegger nos indicó que los seres humanos enfrentamos el mundo a partir de determinadas disposiciones o emocionalidades que definen el tipo de relación que establecemos con él. Una de esas disposiciones fundamentales es la confianza. Nos ha señalado Heidegger que uno de los rasgos que caracteriza al ser humano es la incertidumbre, el reconocimiento de la gran vulnerabilidad que amenaza permanentemente nuestra existencia. Pues bien, la confianza es una emocionalidad que expresa el nivel que adquiere esa sensación de vulnerabilidad. Cuando hay confianza nos sentimos más seguros, más protegidos, menos vulnerables. Cuando no hay confianza las amenazas parecieran hacerse mayores, tenemos la sensación de que corremos peligro, de que estamos expuestos a riesgos mayores.

La falta de confianza incrementa el temor. Quien no siente confianza suele habitar en el miedo. Los acontecimientos y las acciones de otras personas adquieren ribetes amenazantes. Siento que podrían hacerme daño y comprometer mi integridad. Si un determinado vecindario no me da confianza a ciertas horas de la tarde, es porque posiblemente siento que en la medida en que aumenta la oscuridad aumenta con ella el riesgo de que me asalten. Si veo acercarse a una persona y siento que ella no me me resulta confiable, posiblemente es porque tengo la sensación de que podría agredirme, de que no estoy seguro estando cerca de ella, que corro el riesgo de que se me haga daño, que estando cerca de ella puedo resultar herido.

Si digo que "Siento confianza en Alejandro", con ello posiblemente expreso que siento que Alejandro, en su actuar, sabrá "hacerse cargo" de mí, sabrá identificar mis inquietudes y las tomará en consideración en su comportamiento. Eso me hace sentir cuidado, protegido. Si digo, en cambio, que "Matilde no me inspira confianza" quizás exprese que a su lado no me siento seguro, que no me siento cuidado por ella y que tengo la sensación de que puedo resultar afectado por su comportamiento.

La ausencia de confianza incrementa mi vulnerabilidad. La falta de confianza es una señal de alerta, es un aviso de un eventual peligro. Tengo la sensación de que mi integridad podría estar en juego. Por el contrario, cuando siento confianza me siento seguro. Si una persona me inspira confianza, tengo la impresión de que ella sabrá "hacerse cargo de mí", que se preocupará de las cosas que me importan, que tomará en cuenta mis inquietudes. Pienso, por ejemplo, que esa persona, al actuar, tomará en consideración las consecuencias que sus acciones podrían imponerme y que procurará no hacerme daño. Mi bienestar será, para esa persona, un criterio a considerar en el momento en que tenga que decidir un curso de acción u otro.

A un nivel básico, muy primario, la confianza o la falta de ella son por lo tanto indicadores emocionales de vulnerabilidad. Si me preguntan por qué digo que algo o alguien no me inspira confianza, es posible que responda que no lo sé, que es algo que siento, quizás una sensación en el estómago. Muchas veces nos pasa que tendemos a confiar o a desconfiar de alguien, sin que podamos explicar exactamente por qué. Es una sensación general. "Sentimos" confianza, así como "sentimos" desconfianza. Pero tanto en una como en otra, podemos dar cuenta de cómo disminuye o se incrementa nuestra sensación de vulnerabilidad.

Tal como lo hemos expuesto en otros trabajos, toda emocionalidad puede ser reconstruida en términos de juicios y, por lo tanto, puede ser observada y examinada desde el dominio del lenguaje. Al hacer su reconstrucción en términos de juicios, logramos entenderla mejor y, a partir de ello, desarrollamos también una mayor capacidad para intervenir en ella. Esto es, por lo demás, lo que estamos haciendo con la confianza. Vamos a observarla en los diferentes juicios en los que permite ser reconstruida.

Sabemos también que la relación entre emocionalidad y juicios es todavía más cercana. Desde la emocionalidad de la desconfianza, tendemos a emitir determinados juicios. A la inversa, cuando suceden determinados acontecimientos o cuando se ejecutan determinadas acciones, que me conducen a elaborar aquellos juicios asociados a la emocionalidad de la confianza, descubrimos que comenzamos a sentir confianza. Esta relación entre emocionalidad y juicios es lo que nos abrirá las puertas para intervenir en ella, para avanzar, por ejemplo, en el diseño de espacios de confianza.

Una vez que identificamos los distintos dominios en los que aparecen juicios asociados a la emocionalidad de la confianza (o de la desconfianza) y una vez que podemos determinar las acciones que en tales dominios desencadenan dichos juicios, disponemos de un ámbito de acción que conduce a generar confianza (o desconfianza). Las acciones generarán juicios y tales juicios generarán la emocionalidad de la confianza (o de la desconfianza).

Tan cercana es la relación entre emocionalidad y juicios que, en rigor, la confianza puede ser considerada como un fenómeno que muestra dos caras, dos dimensiones, dos posibilidades de abordaje. Podemos entrar en ella tanto desde la emocionalidad como desde los juicios, y, por tanto, desde el lenguaje. De una u otra forma, las dos dimensiones estarán siempre presentes.

La vida nos expone a infinitas *contingencias*, a cosas que pueden pasar y que no podemos prever. Nunca estamos del todo seguros. La vida nos obliga a desplazarnos y en ese desplazamiento habrá siempre riesgos, habrá amenazas que nos acechan, así como posibilidades que podrían abrirse. *La confianza y la falta de confianza nos hablan de la manera como encaramos el futuro en función de los eventuales peligros que éste nos pueda deparar. Ellas definen, por lo tanto, nuestra relación básica con el futuro.*

Luhmann sostiene que para levantarnos, cada mañana, necesitamos una dosis mínima de confianza. Si pensáramos en todas las cosas que podrían pasarnos desde el momento en que nos levantamos, en todos los peligros que nos acechan, posiblemente optaríamos por quedarnos en cama. Considérese, por ejemplo, todos los peligros que enfrentamos con sólo estar con otros, con salir a la calle, con tomar el automóvil, con entrar al trabajo, etc. Cada paso que damos nos expone a peligros diferentes. La televisión nos muestra cómo suceden tragedias en los momentos más inesperados. Mientras los fieles rezan y cantan en su iglesia, en una apacible ciudad de Texas, entra un hombre armado y mata a siete personas.

La confianza define también *una particular relación con el mundo.* Desde la confianza o la desconfianza, estamos en el mundo de una manera diferente. Es más, ellas constituyen mundos distintos. Dos personas que se relacionan con sus respectivos mundos, una desde la confianza y la otra desde la desconfianza, viven en mundos radicalmente diferentes.

Si comparamos el mundo de hoy con los mundos del pasado, comprobamos que hoy somos mucho más vulnerables a las contingencias. Vivimos en mundos más abiertos, más desprotegidos, donde las acciones ejecutadas en los lugares más distantes pueden acarrearnos profundas consecuencias. Bastaría que alguien, en cualquier lugar, hiciera "algo", para que ello eventualmente comprometiera nuestra seguridad. Todo esto hace que la confianza sea hoy un factor todavía más importante de lo que fue en el pasado.

La confianza, sostenemos, *es un gran disolvente del miedo.* Un disolvente del temor a las infinitas cosas que podrían suceder. Con confianza yo abro mis brazos a otros, delego lo que tengo que hacer, coloco mi persona y mis posibilidades en otras manos. Desde la confianza apuesto a que nada malo pasará. *La confianza siempre implica una apuesta,* pues nada me garantiza la seguridad. Nada elimina las contingencias. Lo que puede hacerse es sumar elementos para apostar en un sentido o en otro.

La apuesta que hacemos no es trivial. Podemos apostar a la confianza o a la desconfianza y obtendremos distintos resultados. A veces positivos, otras veces negativos. Sin duda es importante aprender a apostar mejor, a calcular mejor los riesgos y evitar confiar cuando, quizás, no es adecuado hacerlo. Es importante aprender la prudencia, aquella competencia que nos ayuda a discernir cuándo corresponde confiar y cuándo es preferible desconfiar.

No saber discernir puede llevarnos a la ingenuidad o a la desconfianza permanente. Con ambas perdemos. La ingenuidad nos expone a amenazas que podríamos haber evitado. La desconfianza permanente nos cierra posibilidades, restringe nuestras relaciones. La manera como apostemos, el que confiemos o no confiemos, nos permitirá establecer distintos tipos de relaciones con las personas, con el mundo, con el futuro, con nosotros mismos. Todo ello inevitablemente incidirá en los resultados que obtengamos. No es siempre válido decir: "He acertado al desconfiar de esa persona. Mira lo que hizo". Quizás no lo habría hecho si hubiéramos confiado en ella.

La confianza, hemos dicho, disuelve el miedo, la sensación de vulnerabilidad. Luhmann nos indica que la confianza tiene el efecto de *reducir tanto la incertidumbre como la complejidad.* Al actuar con confianza reducimos el margen de todas las cosas que podrían pasar y hacemos más manejable el futuro. De la misma manera, el mundo se nos hace menos complejo, menos difícil, más simple. Todo ello permite establecer una relación básica entre la confianza y la acción humana.

La confianza y la acción

Si la confianza tiene el efecto de disolver el miedo, de permitirnos mirar hacia el futuro con una dosis mayor de optimismo, de reducir la incertidumbre y disminuir la complejidad, podemos reconocer que la confianza se transforma en un requisito fundamental para actuar. El miedo y la desconfianza muchas veces inhiben, congelan, paralizan, inmovilizan. La confianza nos lanza hacia delante, nos pone en movimiento.

Ello no implica desconocer el hecho de que la desconfianza también nos suele conducir a emprender determinadas acciones. Pero se trata de acciones diferentes. Hay dos modalidades de acción. Está la acción que coloca el énfasis en la conservación y la que lo que coloca en la transformación. Se trata de un énfasis. Toda acción, por ser tal, tiene un efecto transformador y toda acción se sustenta en la necesidad de conservar algo, aunque se trate tan sólo de la ilusión en una posibilidad, de un sueño en un mundo mejor. Hay una diferencia importante entre la persona que saca una fotografía para conservar el recuerdo de una imagen y el pintor vanguardista que quiebra esa imagen en mil formas con el propósito de generar algo nuevo. El compromiso básico del primero es la conservación, el compromiso básico del segundo es la transformación.

La desconfianza nos impulsa a emprender acciones que buscan la conservación. Se trata de acciones de protección, dirigidas a incrementar nuestra seguridad y a reducir nuestra vulnerabilidad. Desde la desconfianza, es posible que busquemos guarecernos; es posible que consumamos algún tiempo en esconder lo que nos pertenece; es posible que contratemos seguros. Es posible que hagamos muchas cosas nosotros mismos para evitar delegar. Son todas acciones que son hijas de la desconfianza.

La confianza, por el contrario, nos lleva a acciones transformadoras, capaces de generar y conquistar nuevos mundos, futuros y posibilidades. Se trata de acciones de innovación, de invención. La confianza sustenta todas las acciones creativas y es un ingrediente fundamental de la creación artística, de los descubrimientos científicos, de las invenciones tecnológicas, de las grandes transformaciones políticas y culturales. Con confianza me atrevo a lanzarme a lo desconocido. La confianza, por lo tanto, es el elemento básico que alimenta el espíritu emprendedor. No ha habido gesta en la historia que no haya requerido una gran dosis de confianza.

La empresa del futuro será el espacio por excelencia para canalizar buena parte de la capacidad transformadora de los seres humanos. No nos limitamos a sostener que requerirá estar en un proceso de permanente transformación para restablecer una y otra vez su viabilidad y adaptación con su cambiante entorno. Vamos más lejos. Sostenemos que la empresa será, por excelencia, la institución que liderará el cambio, que abrirá mundos nuevos, que transformará constantemente su entorno. El espacio para las empresas centradas en la conservación se irá reduciendo progresivamente. Ya lo estamos viendo. La capacidad transformadora le otorgará a la empresa del futuro su gran ventaja competitiva.

La confianza resulta ser, por lo tanto, el gran motor de la acción y muy particularmente del potencial transformador de los seres humanos. Como antecedente de la acción, la confianza (o la falta de ella) representa uno de los rasgos claves del tipo de observador que somos. Sin embargo, la confianza no es sólo un antecedente importante de la acción. Es también un resultado, una consecuencia de la misma. Lo que incide con mayor claridad en el grado de confianza o de desconfianza que tengamos, son las acciones que tanto los demás como nosotros mismos ejecutamos.

Si pensando que seré capaz de hacer algo, lo intento una y otra vez y fracaso, ello sin duda afectará el grado de confianza con el que emprenda esa misma tarea la próxima vez. Si, por otro lado, veo que una persona fracasa repetidamente en la ejecución de una tarea que se le encomienda, es muy probable que ello resienta la confianza en ella y se le deje de pedir que haga esa tarea. O, si se le pide, que se haga con desconfianza. La confianza y la acción se retroalimentan mutuamente. La confianza me impulsa a actuar y mis actuaciones harán crecer o disminuir la confianza que yo mismo y otros tengamos sobre mi desempeño.

La confianza y el dominio de competencia

Lo anterior nos permite reconocer cómo la confianza se ve afectada por la capacidad de acción eficaz que exhiba una persona. El dominio de nuestras competencias, de nuestra capacidad de actuar con eficacia, es uno de los grandes generadores de confianza y un factor que producirá variaciones en ella. Cada vez que una persona muestre incompetencia en un determinado dominio de acción, estará incidiendo en el grado de confianza que los demás tengan sobre ella en ese particular dominio.

Una persona a la que juzguemos incompetente es una persona en cuyas manos no colocaremos nuestra integridad o nuestro futuro. Es una persona de la que no quisiéramos estar dependiendo. Si alguien nos señala que el piloto que conducirá nuestro avión, o que el neurocirujano que nos realizará una importante operación, no son competentes, es muy posible que optemos por no subirnos al avión o que no permitamos que nos lleven a la sala de operaciones. El juicio de incompetencia afecta directamente nuestra confianza en esas personas.

Lo mismo sucede con las organizaciones. El nivel de competencia que muestren en sus desempeños afectará el nivel de confianza que los consumidores tengan en ellas. De allí que la calidad de sus productos y servicios sea un elemento importante, que incidirá en la confianza que sus clientes tengan en ella y en la solidez de su relación con ellos. En condiciones monopólicas o semimonopólicas es posible que los clientes sigan comprando a pesar de su desconfianza. No tienen otra alternativa. Pero bastará que esa empresa se abra a la competencia para que vea desertar a sus clientes. Ha ocurrido muchas veces. Cuando los mercados se abren, hay clientes que emigran de inmediato hacia nuevos productos que prácticamente no conocen. Ello nos suele hablar de la desconfianza que habían acumulado con relación a los productos que previamente consumían.

El dominio de competencia nos lleva a mirar la manera como el actor, sea éste una persona o una organización, ejecuta sus acciones y la eficacia que exhibe al ejecutarlas. El nivel de competencia que manifieste será uno de los factores que determinará el nivel de confianza o desconfianza que ese actor despierte. Todo actor, sin embargo, opera en el interior de uno o más sistemas de los cuales él es un miembro. Un trabajador, por ejemplo, opera dentro del sistema que es su empresa. Por otro lado, tanto él mismo como la empresa son miembros de un sistema social más amplio. La confianza puede ser vista tanto como un atributo de los diferentes actores, como un atributo de la estructura del sistema dentro del cual esos actores operan.

CAPÍTULO 1

LA CONFIANZA COMO ATRIBUTO DE LOS SISTEMAS SOCIALES

La confianza como requerimiento funcional de los sistemas sociales

Un de las grandes contribuciones de Luhmann a la comprensión del fenómeno de la confianza ha consistido en no haberla restringido a un nivel personal y habernos mostrado su importancia a nivel de los sistemas sociales. Todo sistema social requiere desarrollar confianza como condición de funcionamiento. No es posible que exista un sistema social en el que la confianza no exista. Puede que se trate de una confianza restringida a determinados niveles, pero ella no puede estar totalmente ausente.

Incluso los sistemas altamente represivos requieren contar con un alto grado de confianza en el manejo de sus propios aparatos represivos. La mafia, por tomar un ejemplo extremo, que operaba haciendo uso de la fuerza y la violencia, requería internamente, en el interior de cada "familia", de un elevado nivel de confianza. Sin algún grado de confianza, los sistemas sociales se desintegran y colapsan. La confianza, aunque restringida, es condición de la convivencia social y requisito del funcionamiento de los sistemas sociales.

De allí que los sistemas sociales desarrollen, tanto a nivel de sus estructuras como de sus culturas, distintos mecanismos para generar confianza en sus miembros. Incluso cuando la confianza en el sistema social global tiende a erosionarse, ello suele traducirse en un incremento de la confianza y cohesión en sistemas sociales intermedios, sean éstos organizaciones políticas, económicas, sociales, culturales o incluso deportivas. Es conocido el caso, por ejemplo, de la importancia que adquirieron en el imperio bizantino, durante la época del emperador Justiniano, los niveles de cohesión y confianza internas que manifestaban las facciones deportivas de los Azules y los Verdes y el profundo antagonismo entre ambas. Este antagonismo condujo en 532 d.C. a la célebre Insurrección de Nika, que provocó el incendio de la mitad de Constantinopla y estuvo a punto de comprometer la estabilidad del imperio.

Alimentados libremente en el propio Luhmann, mencionaremos a continuación diversos mecanismos que generan los sistemas sociales y que tienen la capacidad de desarrollar confianza.

1. Las normas de comportamiento y su administración

Todo sistema social descansa en determinadas normas de funcionamiento, sean estas formales o informales. Es lo que llamamos "las reglas del juego". Estas normas, en un primer nivel, determinan el tipo de juego a jugar. Hay juegos muy diferentes: algunos de ellos tienden a promover la confianza entre los miembros de un sistema, mientras que hay otros que tienen el efecto contrario, el de corroerla. Un sistema que estimula la cooperación desarrollará confianza; en cambio, un sistema que estimula la competencia entre sus miembros provocará formas diversas de desconfianza.

Cuando examinamos la estructura interna de una empresa, es importante preguntarse por los juegos que se juegan en su interior, por el carácter de sus prácticas y de sus sistemas de evaluación de desempeño. ¿Se trata de prácticas que estimulan o que socavan la confianza entre sus miembros? ¿Promueven la cooperación o la competencia? ¿A qué niveles estimulan la confianza? ¿A qué niveles la socavan? ¿Qué efectos tiene todo ello en la dinámica interna de relaciones y en la efectividad del sistema? Es posible que encontremos que, a determinados niveles, la competencia ejerce una influencia saludable en el sistema y en otros, en cambio, su efecto resiente su efectividad y el bienestar global de quienes están involucrados.

Las normas de comportamiento no sólo determinan los juegos o prácticas sociales básicas en los que los miembros de un sistema se verán comprometidos; también definen los comportamientos obligatorios, prohibidos y permitidos. Dentro de estos últimos, muchas veces se establecen también prioridades y se definen mecanismos para premiar determinadas conductas por sobre otras. A nivel de la sociedad, estas normas de comportamiento están contenidas en sus cuerpos legales, tanto de rango constitucional como de leyes ordinarias y decretos. Existe también una estructura encargada de administrar y aplicar la legalidad, de generar nuevas leyes o modificar las existentes y de resolver las disputas que se produzcan con referencia a ellas. Es lo que conocemos como los distintos poderes del Estado.

Pues bien, esta estructura es altamente sensible para generar o inhibir el nivel de confianza de los miembros del sistema social. Si un determinado sistema cuenta con un cuerpo de normas que son conocidas, claras, simples, legítimas y respetadas, sus miembros sabrán a qué atenerse: sabrán lo que tienen que hacer y lo que no tienen que hacer, sabrán lo que posiblemente harán o no harán los demás. Todo ello reduce la incertidumbre y el margen de contingencia y alimenta la confianza. Ello incitará a los miembros del sistema a emprender acciones y a correr riesgos, en la medida en que otros riesgos quedan eliminados. Para correr determinados riesgos es importante controlar otros, y la estructura de normas hace precisamente eso.

Pero si, por el contrario, las normas de comportamiento no son transparentes (no estamos del todo seguros de cuáles son), o no son claras y simples, o son impugnadas fuertemente por algunos sectores en el interior del sistema, o no son respetadas y existe, por ejemplo, un alto nivel de arbitrariedad o de corrupción en el sistema que las administra, ello evidentemente afectará negativamente el nivel de confianza de los miembros de ese sistema social. Si estamos hablando de un país, ello no sólo se va a manifestar en la dinámica de relaciones internas que sus miembros mantienen entre sí, sino que también va a desmotivar a quienes puedan venir del exterior a invertir en él. Tanto la confianza interna de sus miembros como la confianza externa en el país se verán afectadas.

Toda organización, toda empresa, tiene también sus propias normas de comportamiento, y éstas influyen en el nivel de confianza de sus miembros y condicionan determinados comportamientos. Mientras más claras y respetadas sean éstas, con mayor confianza se desenvolverán sus miembros. Mientras más confusas sean, y más arbitrariamente sean consideradas o aplicadas, mayor será la desconfianza con la que se opere. Toda norma de comportamiento tiene un determinado efecto en la confianza. Sin embargo, aquellas que inciden con mayor fuerza en los niveles de confianza de una empresa suelen ser las relacionadas con los sistemas de evaluación de desempeños y con las normas de contratación y despido, de remuneraciones y otros beneficios, de promoción y, en general, las que forman parte de las políticas de compensaciones de la empresa.

Todo sistema de evaluación de un sistema social es un mecanismo de selección de conductas de los miembros del sistema. De la multiplicidad de comportamientos que les son posibles, ellos optarán por aquellos que serán evaluados, particularmente si como resultado de esa evaluación se toman decisiones que afectan su prestigio, su remuneración o su carrera en la empresa. Ello determinará el nivel de confianza con el que ciertas acciones serán emprendidas con relación a otras. Si deseamos promover el nivel de confianza en el interior de una empresa, es imprescindible examinar sus normas de comportamiento y la manera como éstas son administradas.

2. La propiedad y el dinero

El régimen de propiedad que tiene una sociedad, a través del cual se determina quién es el dueño de la riqueza que sus miembros sean capaces de generar, es también un aspecto importante del grado de confianza que tal sistema suscite. El tener acceso a la propiedad les permite a los individuos asentarse en la vida y encarar el futuro en forma diferente. Pero así como la propiedad tiene un efecto positivo en la confianza de quienes la detentan, tiene un efecto correlativamente negativo en quienes no logran acceder a ella. Éstos están menos protegidos para enfrentar las contingencias del futuro y es importante ofrecerles mecanismos de resguardo alternativos para garantizar, al menos, condiciones mínimas de confianza. En los países socialistas, basados en un régimen de propiedad estatal, el Estado proveía ese resguardo.

Cuando un sistema social basado en el régimen de propiedad privada cuestiona el derecho a la propiedad, ello desencadena inevitablemente una profunda crisis de confianza en quienes han logrado acceso a ella. No sólo cabe esperar que frenen toda inversión, sino que además buscarán salvaguardar su propiedad y la sacarán del sistema. De la misma manera, cuando en un régimen de propiedad estatal el Estado comienza a mostrar dificultades para ofrecer los servicios de protección a los sectores más desvalidos de la población, ello producirá una profunda crisis de confianza pues cada individuo se sentirá desprotegido frente a eventuales amenazas.

Los mecanismos de distribución de la riqueza generada son, por lo tanto, factores importantes de la generación de confianza en un sistema social. En el nivel de una empresa ello nos remite a las políticas de remuneraciones, de incentivos pecuniarios y de distribución de utilidades.

Otro factor importante guarda relación con el dinero. El dinero es un instrumento que nos permite enfrentar contingencias. El dinero nos confiere poder. Con dinero expando mi capacidad de resolver eventuales problemas futuros. En la medida en que cuente con dinero en el bolsillo, me desplazo por el mundo con un nivel mayor de confianza y me siento más protegido. En el nivel de los sistemas sociales, será importante examinar, por ejemplo, sus cuentas financieras, las reservas en moneda fuerte, la tasa de inflación y el nivel de autonomía de las instituciones que deciden las políticas financieras.

La tasa de inflación nos indicará la estabilidad del valor del dinero. Si la tasa de inflación es alta, se verá afectada la capacidad del dinero para resolver problemas en el futuro. Los mercados financieros se sustentan en la confianza de quienes participan en ellos, en el efecto que sus expectativas ejercen sobre las inversiones y movimientos financieros. Los indicadores de confianza que exhiben los mercados financieros se cuentan entre los más importantes para evaluar el estado presente de la economía y sus perspectivas futuras.

En el nivel de la empresa son muchos los indicadores que nos señalan cuán sana está financieramente. Su nivel de endeudamiento y su flujo de efectivo son dos de ellos. El valor de sus acciones en el mercado es expresión de la confianza que los accionistas, y en general la comunidad financiera, tienen en el futuro de la empresa. Si la situación financiera de la empresa es precaria, si su futuro, por ejemplo, se ve comprometido por la aparición de un nuevo competidor, todo ello se reflejará en su nivel interno de confianza y en la confianza que ella irradie en la comunidad.

3. La información y el conocimiento

Si el dinero es poder, la información y el conocimiento lo son también. Si considero que estoy informado de lo que está pasando en el ámbito en el que me desenvuelvo, actuaré con un nivel de confianza mucho mayor que si lo hago sintiendo que no dispongo de la información importante. La información tiene que ver con el acto lingüístico de las afirmaciones. Ellas nos reportan lo que acontece en el mundo. Nos hablan de las acciones y eventos que han tenido lugar. La información, como hemos dicho, nos señala los *qué*, los *quiénes*, los *dónde*, los *cuándo* y los *cuántos*.

La diferencia entre la información y los datos apunta al hecho de que, mientras los segundos son simples registros de acontecimientos, la primera remite a lo que nos interesa y se vincula con nuestras inquietudes. La información son datos que nos interesan, datos que remiten a las inquietudes del observador que somos. No todo dato es información, y no todo lo que es información para alguien lo es también para otra persona.

Todo sistema social genera mecanismos de recolección, almacenamiento, acceso, transmisión y procesamiento de información. La invención de la escritura fue un desarrollo tecnológico fundamental, pues afectó precisamente esos mecanismos. Antes de la escritura, la información se almacenaba y se transmitía oralmente, y mucha se perdía pues la memoria del sistema era mucho más precaria y reducida. La invención del alfabeto permitió el uso generalizado de la información, que llegó a sectores a los que antes no accedía y entró en dominios que antes no había tocado. La memoria del sistema se expandió exponencialmente con el alfabeto. Su efecto en el nivel de confianza que mostraron determinadas comunidades fue notable, y permitió grandes avances en las ramas más diversas de la actividad social.

La revolución digital ha transformado profundamente las tecnologías de información. En el pasado, la información era un recurso escaso, controlado celosamente por algunos. Actualmente, con el desarrollo de los bancos de datos, con la Internet y con otros múltiples avances en las tecnologías de información, ésta se ha expandido notablemente. Ello incide en la confianza que en su desempeño muestran tanto empresas como individuos, y en la capacidad de transformación que ella posibilita. No es extraño, por lo tanto, la relación que se establece entre las tecnologías de información y la aceleración del cambio. No en vano se ha hablado de éstas como de las tecnologías del cambio.

Antes, el acceso a la información se traducía en una importante ventaja competitiva para las empresas. Hoy día, no es el acceso lo que confiere ventaja, sino la capacidad de discernir lo que es información pertinente y lo que se logra hacer con ella. Ello nos desplaza del tema de la información al tema del conocimiento. El conocimiento se expresa en capacidad de acción eficaz. Saber es saber hacer, es saber-cómo, es *know-how*. El conocimiento hace uso de la información para potenciar la acción. Es información puesta a trabajar.

Si enfrento un problema y sé que sabré cómo resolverlo, el nivel de confianza con el que lo encararé será muy diferente que si pienso que no sé qué hacer. Así como tener dinero en el bolsillo me generará una mayor confianza, desplazarme con el juicio de que me sabré manejar tiene un efecto equivalente. El conocimiento me otorgará confianza y me facilitará moverme hacia la acción.

Las reservas de conocimiento de un sistema social y la capacidad de generar, transmitir y aplicar conocimiento serán un factor fundamental de confianza. Es con esa confianza que John F. Kennedy planteó a comienzos de la década de los '60 que a fines de esa misma década los Estados Unidos colocarían un hombre en la Luna y lo traerían de vuelta y a salvo a la Tierra. ¡Qué expresión más extraordinaria de confianza! ¿Qué otro país hubiese podido hacer un compromiso así... y cumplirlo? Pero ¿dónde residía esa confianza? Sin duda en el poderío económico de los Estados Unidos. Pero, por sobre todo, en sus reservas de conocimiento y en la capacidad de hacer uso de ellas para resolver los desafíos científicos y tecnológicos que resultaban de dicho compromiso.

La empresa de hoy descansa como nunca en sus reservas de conocimiento. Pero, nuevamente, tal conocimiento no se encuentra sólo en la capacidad de acción individual de sus miembros, aunque éste es sin duda un aspecto importante. Dicho conocimiento se encuentra también en su estructura. Lo encontramos, por ejemplo, en sus tecnologías, en sus prácticas de trabajo conjunto y en sus procesos. Ellos expresan capacidades diferenciales de eficacia que son independientes de los individuos que participan en ellos. Un proceso diseñado para garantizar las mejores prácticas en su rubro, es portador de conocimiento.

4. La solidaridad interna del sistema

La solidaridad es una expresión de un fenómeno mayor: el amor. Sí, el amor es un gran generador de confianza. Cuando amo a otro, ello suele incitarme a una apertura, a actuar para alimentar el espacio que comparto con ese otro, para que podamos crecer juntos, para brindarle al otro lo que éste quiere. Busco formas de "hacerme cargo" del otro. Me siento impulsado a actuar de una manera muy diferente de la que sentiría si ese amor no existiese. El compromiso afectivo con una familia ha sido un gran motor para incentivar la acción y el trabajo. A través de amor busco darles a los míos lo que no tienen. Éste ha sido, sin duda, un factor gravitante de progreso.

Pero no sólo el amor afecta la confianza que siento por otros. También la afecta el amor que siento que otros tienen hacia mí. Si pienso que otra persona me ama, hay cosas que, en ciertas circunstancias, puedo esperar que esa persona haga, así como hay cosas que confío en que no hará. Ciertos comportamientos quedan excluidos. Ello me permite reducir el nivel de incertidumbre con el que me relaciono con esa persona. Hay algunas contingencias que desaparecen del ámbito de lo posible. El amor es un gran generador de confianza y juega un papel importante en el interior de los sistemas sociales.

Usamos habitualmente el término "amor" para relaciones personales, directas, íntimas. Cuando éste trasciende el ámbito personal y alcanza a personas que conocemos menos, con quienes tenemos una relación más distante o que incluso no conocemos del todo, hablamos de solidaridad. Ella expresa el hecho de que lo que les suceda a esas personas me importa, y que estoy dispuesto a actuar para hacerme cargo de sus problemas. A través de la solidaridad hago míos sus problemas y declaro que me incumben.

Hay sistemas sociales más o menos solidarios, más o menos escindidos desde el punto de vista de las relaciones afectivas que sus miembros mantienen entre sí. Y eso, obviamente, afectará el nivel de confianza que exhiben estos sistemas. Podemos reconocer distintas modalidades de expresión de estas relaciones afectivas. Una de ellas, por ejemplo, es lo que llamamos "el amor a la patria". Se trata de una modalidad de amor menos personalizada que la solidaridad y dirigida hacia la comunidad como un todo, hacia una historia, hacia un territorio y hacia los diferentes símbolos que esa comunidad utiliza para manifestar su identidad (la bandera, los himnos, sus fronteras, las figuras de su héroes, sus distintas efemérides).

Desde el amor a la patria, los miembros de una comunidad estarán dispuestos a tomar acciones en las que se arriesga la propia vida. Realizarán actos de entrega personal de gran heroísmo, que expresarán los más altos niveles de confianza. Estas acciones muchas veces pueden resultarnos admirables. Por desgracia, esas mismas acciones suelen a menudo dirigirse contra otros que están haciendo normalmente lo mismo, sólo que con referencia a una patria diferente. El amor a la patria, es importante reconocerlo, ha servido muchas veces de coartada para cometer grandes abusos y desplegar profundos odios. Lo que un país puede vivir como un acto de amor a la patria, otro puede experimentarlo como un despojo arbitrario y abusivo.

En el nivel de la empresa, la solidaridad interna es otro factor de importancia para determinar el grado de confianza del sistema. De él resultarán distintos sentidos de pertenencia y distintos niveles de compromisos entre sus miembros. A diferencia de lo que sucede en las empresas tradicionales norteamericanas, donde los niveles de solidaridad interna suelen ser por lo general bastante bajos y en las que predomina un fuerte sentido individualista, en las empresas europeas y, particularmente en las japonesas, se suele poner un mayor énfasis en el desarrollo de la solidaridad interna. Estas últimas, por ejemplo, desarrollan un conjunto de actividades rituales para reforzar la cohesión del grupo y promueven símbolos de distinto tipo (sus efemérides) para reforzarla. Muchas veces, más que una solidaridad personal entre los miembros de un equipo o de una organización, lo que se alcanza es una modalidad de vínculo afectivo más abstracto, no tan disímil de nuestra descripción del amor a la patria, pero esta vez dirigido hacia la organización. La competencia, en muchos casos, tiende a sustituir la imagen del enemigo.

5. Los valores compartidos

Los valores expresan aquello a lo que damos importancia. Ellos nos permiten priorizar, distinguir lo bueno de lo malo. Así, nos ayudan a discernir y a excluir ciertos cursos posibles de acción. A través de los valores, filtro determinadas posibilidades de acción y restrinjo el ámbito de mi comportamiento. Al conocer los valores de una persona, su comportamiento se hace más predecible y menos incierto. Los valores refuerzan el efecto regulador impuesto por las normas. Pero mientras las normas suelen ser externas, los valores requieren ser interiorizados. A las primeras las encontramos con mayor facilidad en el sistema; a los segundos en las personas y, particularmente, en el tipo de observador que esas personas son.

En nuestro enfoque encontramos una fuerte relación entre los valores y los juicios. Los valores nos hacen observar las cosas y los acontecimientos según diferentes prismas y nos conducen a emitir determinados juicios sobre ellos. De alguna forma, pueden ser vistos como una suerte de metajuicios, de juicios sobre el tipo de juicios que nuestras acciones, nuestros comportamientos, deberían ser capaces de suscitar.

No porque los valores requieran de un determinado nivel de interiorización a nivel individual, son ajenos a los sistemas sociales. En rigor, el sistema se preocupa de la preservación y transmisión de los valores a sus miembros. El sistema educacional no sólo entrega información y conocimiento, también lleva a cabo un importante proceso de socialización en valores.

Los valores incitan a actuar en determinadas circunstancias. Habrá cosas, por ejemplo, que me sentiré impulsado a evitar, a impedir. Habrá otras que, al constatar que no están presentes, me estimularán a generarlas. Me diré: "Esto no debe ser" o "esto debe ser distinto" y emprenderé una acción. Los valores determinarán lo que aceptaré y lo que no aceptaré. Muchas veces me impulsarán a actuar sólo por defenderlos, y a menudo con independencia del cálculo que pueda hacer sobre las consecuencias de mis acciones. Lo que importará no son las consecuencias, sino la vigencia de determinados principios éticos, de determinados valores. Pues cuando estamos en el dominio de los valores, estamos en el dominio de la ética.

Cuando los miembros de un sistema social comparten los mismos valores, se incrementa el nivel de confianza del sistema, pues se reduce el rango de sus comportamientos posibles, así como las mutuas incertidumbres con relación a sus acciones. Sabemos lo que podemos esperar de cada uno y el sistema suele encargarse de sancionar, de múltiples maneras, a quienes se alejan de los valores sustentados por él. La cohesión ética del sistema es, por tanto, un factor importante de su nivel interno de confianza.

Toda cultura empresarial encierra determinados valores. Muchos de ellos surgen de manera espontánea, a partir del establecimiento de determinadas prácticas. Otros son el resultado del esfuerzo por introducirlos en el sistema. Estos valores tienen efectos indiscutibles en las acciones de los miembros del sistema y en el nivel de desempeño de la empresa. A veces se trata de efectos positivos, otras veces de efectos negativos. Si bien muchas empresas suelen dedicar tiempo para adoptar valores positivos, no siempre se preocupan por evaluar sus valores "en uso" y, particularmente, aquellos que viven más en las prácticas que en el lenguaje de sus miembros.

Algunos de estos valores tendrán la capacidad de afectar positivamente el nivel interno de confianza del sistema; otros, posiblemente, lo resientan. Por ejemplo, en ciertas empresas predominan los valores que estimulan una gran competencia interna. Si bien ellos pueden incrementar la confianza dentro de determinados equipos que se organizan para competir, sin duda lesionará la confianza entre estos equipos, comprometiendo la transparencia en el interior de la empresa.

De todas formas, sean cuales sean los valores y tengan éstos un efecto positivo o negativo en las condiciones internas de confianza, el hecho de que sean más o menos compartidos por el conjunto de los miembros de la organización genera, por sí mismo, un efecto adicional en la confianza. Mientras mayor sea el grado en el que tales valores se comparten, mayor será el nivel de confianza.

6. El sentido trascendente del futuro

Hemos dicho que la confianza establece una determinada relación con el futuro. Desde la confianza, el futuro se observa más iluminado, más convocante y mejor. Por lo tanto, todo aquello que tiene el efecto de hacer más atractivo el futuro tiene también el efecto de incrementar la confianza.

Son varios los elementos que podemos examinar a este respecto. Por un lado está el papel que a menudo juegan la religión y la noción de Dios. Si, por ejemplo, creo que existe un ser supremo que cuida del mundo y de nosotros, que está a cargo de todo lo que acontece y garantiza un determinado orden, que en caso de extrema necesidad proveerá, ello sin duda aumentará mi nivel de confianza. Estaré en condiciones de entregarme a sus designios, de emprender acciones inspiradas en la fe y de abrirme al futuro sin temor. Incluso cuando pareciera encontrar dificultades, buscaré reinterpretarlas como expresiones de Su voluntad y de Su infinita sabiduría, aunque no logre discernir, personalmente, lo que ellas puedan tener de positivo.

Sustentado en la fe, el creyente emprende gestas y conquistas de pueblos y territorios. En la medida en que actúe para defender y expandir su fe, supone que Dios apoyará lo que haga, que estará de su lado, y se dispondrá a enfrentar cualquier peligro. Las Guerras Santas del Islam, las Cruzadas, la conquista de las Américas, son ejemplos de grandes epopeyas históricas realizadas desde la fe. Desde esa fe estamos dispuestos, nuevamente, a sacrificar la vida. Así como el amor a la patria genera héroes militares, la fe religiosa genera sus propios héroes, los mártires y los santos.

Estos acontecimientos históricos han tenido un tremendo poder destructivo. Ha habido pocos hechos tan sangrientos como las guerras religiosas. Cuando dos pueblos, inspirados en distintas creencias, se enfrentan y presumen que Dios está de su lado, poco hay que pueda detener su confianza en lo que están haciendo. Particularmente cuando se sienten portadores del Bien y la Verdad. El Bien y la Verdad muchas veces han servido también como grandes pretextos para el despliegue de la violencia.

Fe y confianza son términos convergentes. En muchos casos aparecen incluso como sinónimos. Tener fe es tener confianza, una confianza que muchas veces permite aceptar experiencias que parecieran incluso contradecirla. Cuando digo "Tengo mucha fe en ti", estoy expresando mi confianza y bien podría haber dicho: "Tengo mucha confianza en ti". La religión y la creencia en Dios son importantes mecanismos de generación de confianza en el interior de un sistema. Desde la fe, los miembros de ese sistema actúan y se desplazan hacia el futuro con un paso más firme.

La religión es una expresión particular de un fenómeno general más amplio: el sentido trascendente del futuro. Éste puede darse de maneras muy distintas, muchas de las cuales no tienen nada de religioso. En un nivel personal, encontramos ese sentido trascendente en ciertos individuos que desde muy temprano sienten que están convocados por un particular "destino", que están "llamados" a ser un gran pintor, un gran científico, un gran actor. Ellos sienten que su camino en la vida está trazado y sólo les cabe seguir esa "llamada". Manolete, el famoso torero español, es un ejemplo de esos individuos que viven su vida como una forma de realizar un destino.

Víctor Frankl nos señala que ese sentido trascendente de la vida fue uno de los factores decisivos en la capacidad de supervivencia de los prisioneros de los campos de concentración nazis, durante la Segunda Guerra Mundial. Los que no lo exhibían se desplomaban antes. Los que lo tenían estaban mejor capacitados para resistir las inclemencias del régimen carcelario y las atrocidades que allí ocurrían. Este sentido trascendente de la vida les daba una confianza y una fortaleza que los demás no tenían.

Este sentido trascendente puede darlo la religión, como lo da también algunas veces la política y, en general, cualquier vocación profunda, aunque no sea religiosa. Algunas veces ese sentido trascendente se proyecta hacia un "más allá", hacia ese otro mundo del que nos hablan algunas religiones. Pero también a veces ese "más allá" busca proyectarse en la historia, en la capacidad de intervenir en la construcción del futuro, en "hacer historia". Parte del gran atractivo, por ejemplo, que hoy ejerce Silicon Valley, en California, que convoca a jóvenes talentosos de todas partes del mundo, es la idea de que allí, como en ninguna otra parte, se está inventando el futuro.

Sostenemos que la empresa del futuro se desplaza hacia una significativa recuperación de un sentido de trascendencia, que la proyecta más allá del presente en la construcción del futuro. Éste es un rasgo que requiere ser anticipado, pues así entenderemos un aspecto importante del carácter de la transformación que hoy enfrenta el quehacer empresarial. Hoy en día la empresa se ha transformado en el principal motor de la transformación histórica. Si alguien podía ponerlo en duda en el pasado, es muy difícil que hoy no lo perciba. El empresario emprendedor ha sido reconocido, desde hace mucho tiempo, como un pionero del futuro. Sin embargo, pocos hubiesen extendido esa caracterización a un segmento importante de sus trabajadores. Hoy –y ésta es la diferencia fundamental– esta concepción está arrastrando consigo a sectores crecientes de los propios trabajadores.

La propia dinámica competitiva obligará a que no sólo se siga esta dirección, sino que se acentúe. El papel de la innovación y el aprendizaje será determinante en la empresa que hoy vemos emerger, y ello no se limitará a sus cúpulas de dirección. Pocos trabajadores podrán sustraerse del todo de participar activamente en los procesos de transformación que la empresa requerirá desencadenar. La empresa que se sustraiga de ese desafío innovador tenderá, inevitablemente, a desaparecer.

El espíritu empresarial innovador se extenderá progresivamente hacia sectores crecientes dentro de la empresa. Su objetivo principal no será sólo "hacer dinero", sino también "hacer historia" y, por lo tanto, participar de manera activa en la construcción del futuro. La empresa emergente estimulará el espíritu transformador de sus miembros, y hará también de polo de atracción de los talentos más brillantes que buscan participar en los desafíos de la construcción histórica.

Esto encierra un cambio fundamental en la naturaleza del trabajo. Para sectores cada vez más numerosos, el trabajo dejará de ser lo que para la gran mayoría ha sido por siglos: un sacrificio. Hace ya bastante más de dos siglos, Adam Smith nos hablaba del "trabajo como sacrificio", como un requerimiento obligado, sufriente, "sacrificado", que estábamos obligados a realizar para asegurar nuestra vida. No siempre estaba claro si lo que nos quedaba de vida, luego del trabajo, no era otra forma de sacrificio.

Uno de los logros de la empresa tradicional fue proporcionar una forma de vida menos sacrificada *fuera del trabajo*.

El "sueño americano", como articulación de una esperanza, expresa de alguna manera esa posibilidad: el que podamos acceder, gracias al trabajo, pero "fuera" del trabajo, a una vida de bienestar. El sentido de vida para el trabajador no está en el trabajo. Eso es precisamente lo que Taylor buscaba ofrecer a los trabajadores: un sacrificio en el puesto de trabajo a cambio de una vida mejor fuera del trabajo, y particularmente a cambio de un futuro mejor. Ello representaba de por sí un cambio de grandes proporciones.

Esta situación, sin embargo, está cambiando muy profundamente y dicho cambio sólo puede acelerarse en el futuro. Se está produciendo un importante desplazamiento en la capacidad que exhibe el trabajo para proveer a los individuos de un importante sentido de vida y de trascendencia. Cada vez se trata menos de un tipo de trascendencia que requiere del sacrificio, de comprometer el presente en pos de un futuro mejor. El sentido de vida no viene desde fuera del trabajo, es el propio trabajo el que crecientemente lo está proporcionando.

El hecho de sentirse participando hoy de la construcción de futuro le confiere, a un número cada vez mayor de trabajadores, un profundo sentido de vida asentado en lo que hoy hacen y no en lo que están dejando de hacer. Ello implica un tipo de trabajo que alimenta la fe y la confianza en lo que se están haciendo, en los aportes que se están efectuando, en las transformaciones de las que se es parte. El trabajo está sufriendo una mutación fundamental. Estamos transitando del "trabajo como sacrificio" al "trabajo como juego", como proceso de profunda realización personal.

Lo que las empresas hagan hoy puede contribuir a que el trabajo adquiera este sentido de trascendencia o bien puede, por un tiempo, obstruirlo. Se trata, sin embargo, de una tendencia histórica estructural que terminará, inevitablemente, por imponerse. Quienes entiendan la tendencia y se sumen a ella ganarán, sin duda, ventajas importantes. Como se generará un sentido de trascendencia en los trabajadores, aumentará en ellos la confianza y se incrementará su capacidad de desempeño, aprendizaje e innovación.

Efectos sistémicos de la ruptura de la confianza

Hemos examinado cómo los sistemas sociales desarrollan diferentes mecanismos, tanto en el nivel de su estructura como de su cultura, para asegurar la generación de confianza, facilitar así la dinámica de relaciones entre sus miembros y estimular su capacidad de acción. Cuando no existen niveles mínimos de confianza en el interior del sistema, la fuerza es el mecanismo alternativo que asegura su integración. Cuando no existe una fuerza suficiente para imponer una determinada modalidad de integración, el sistema social tenderá a desintegrarse.

Con el colapso del socialismo en Europa hemos visto múltiples experiencias de desintegración, en las que las partes de un mismo sistema anterior han buscado su autonomía. En algunos casos, como sucedió con muchas repúblicas que conformaban la antigua Unión Soviética, primó el juicio de que no se disponía de la fuerza suficiente para mantenerlas integradas en el sistema antiguo. En otros casos, como sucedió en Yugoslavia, ante la inminente desintegración determinados sectores recurrieron a la fuerza para descubrir, durante su empleo, que ésta no era suficiente para acometer la integración.

Las sociedades democráticas se caracterizan por relegar a un segundo plano el uso de la fuerza como instrumento de integración y descansan precisamente en la solidez de los mecanismos de generación de confianza. En la medida en que ellos funcionen adecuadamente la democracia tenderá a conservarse. Cuando el funcionamiento de estos mecanismos se traba, se cuestiona la convivencia democrática y la fuerza se manifiesta como recurso alternativo para garantizar la integración del sistema.

Los sistemas democráticos requieren, por lo tanto, conservar determinados niveles mínimos de confianza para garantizar su funcionamiento. Cuando un sistema democrático se ve arrastrado por una dinámica interna que lesiona esos mecanismos de generación de confianza, el peligro de una integración por la fuerza se convierte en una amenaza real. En toda integración por la fuerza, será necesariamente el sector que gana para sí el control de la fuerza el que impondrá al resto de la sociedad los términos bajo los cuales tal integración se llevará a cabo.

Hay que reconocer, sin embargo, que el uso de la fuerza no es siempre una responsabilidad exclusiva de quienes recurren a ella. El que se haga uso de la fuerza es también el resultado del socavamiento de los mecanismos internos de generación de confianza del sistema, socavamiento en el que participan múltiples sectores. Por lo tanto, no siempre quienes hacen uso de la fuerza son los únicos responsables de este socavamiento. En esos casos, el hecho de que se haga uso de la fuerza –aunque no el uso específico que de ella se haga– representa una responsabilidad compartida, solidaria, de sectores sociales que pueden haber jugado un papel incluso antagónico.

En estas condiciones, el restablecimiento de bases sólidas de confianza normalmente requiere que ambos sectores asuman conjunta y solidariamente sus respectivas responsabilidades. No siempre es fácil, sin embargo, que quienes participaron en la fase de socavamiento de la confianza y luego se percibieron a sí mismos como víctimas en la fase de aplicación de la fuerza, asuman su cuota de responsabilidad por haber contribuido a desencadenar el uso de la fuerza.

CAPÍTULO 2

LA CONFIANZA Y LAS ACCIONES DEL LENGUAJE

El carácter activo y generativo del lenguaje

Hemos señalado la importante relación que existe entre la confianza y la acción. Hemos indicado que la confianza tiene el efecto de expandir nuestra capacidad de acción, de la misma manera como la acción retroalimenta la confianza, pudiendo incrementarla o disminuirla. Esta relación entre la confianza y la acción, válida a un nivel general, tiene un efecto todavía mucho más profundo cuando nos concentramos en las acciones del lenguaje.

Uno de los postulados básicos y pilares de nuestro enfoque es el reconocimiento del carácter activo y generativo del lenguaje. A diferencia de lo que suponía la interpretación del lenguaje que prevaleció hasta la segunda mitad del siglo XX, que entendía que el lenguaje era pasivo y descriptivo, nosotros postulamos *el poder transformador de la palabra*. Cuando hablamos, no sólo "damos cuenta" de lo que observamos, de lo que percibimos, sentimos o pensamos, también hacemos que ciertas cosas pasen, cosas que no pasarían de no mediar el poder de la palabra. Cuando hablamos actuamos, y con esas acciones transformamos el mundo, generamos posibilidades, alteramos el futuro y construimos identidades. Éste es un tema que hemos desarrollado extensamente en otras publicaciones.

Competencias conversacionales como competencias genéricas

El reconocimiento del carácter activo y generativo del lenguaje nos ha llevado a identificar un amplio conjunto de acciones de lenguaje y un correspondiente y variado número de competencias que identificamos con el nombre de *competencias conversacionales*. Cada una de las acciones de lenguaje puede realizarse de diversas maneras y con grados de competencia distintos. Sabemos, por ejemplo, que hay personas que son incompetentes para pedir algo. Hay quienes, en determinadas circunstancias, simplemente no se atreven a pedir, y ello se traduce en importantes consecuencias en su vida y en su trabajo. Pero quienes piden, suelen hacerlo con un nivel mayor o menor de eficacia, lo cual genera otro tipo de consecuencias.

Ya nos hemos referido a la relación que, en general, existe entre la confianza y el dominio de las competencias. Señalamos entonces que el nivel de competencia de nuestras acciones juega un papel positivo en la generación de confianza. Pues bien, esta misma relación entre la confianza y la competencia es particularmente importante cuando se trata de las competencias conversacionales, por cuanto estas últimas son *competencias genéricas*.

Nos explicamos. Cuando de una manera general nos vemos envueltos, por ejemplo, en el empleo de un determinado programa informático, en una acción de venta, en el manejo de una compleja negociación o en el diseño de una campaña de publicidad, todas estas acciones se sustentan en competencias específicas que garantizan su eficacia. Para llevar a cabo cada una de las acciones anteriores, se requiere de ciertas competencias concretas. Estas competencias, sin embargo, están condicionadas por las circunstancias históricas del momento en que las realizamos, circunstancias que determinan la vigencia u obsolescencia de tales competencias. El tiempo va generando nuevas maneras de hacer esas cosas o, incluso, va modificando la necesidad de hacerlas. Hay muchas competencias que eran importantes en el pasado y que hoy han dejado de ser necesarias.

Cuando nos referimos a las acciones de lenguaje y, más ampliamente, a las llamadas competencias conversacionales, descubrimos al menos tres cosas. En primer lugar, tienen una amplia vigencia histórica y están mejor protegidas de los efectos de la obsolescencia. La importancia de saber escuchar en forma efectiva no pasará de moda, aunque ello puede suceder con la técnica de venta que hoy estoy utilizando. La competencia de saber fundar juicios o de saber construir y cumplir promesas, por mencionar otras, serán importantes y necesarias independientemente de las condiciones históricas que estemos enfrentando.

En segundo lugar, descubrimos también que muchas de las competencias específicas a las que apuntábamos antes descansan en la eficiencia que mostremos en el dominio de las competencias conversacionales. Las acciones de venta, de negociación y de diseño, cada una de ellas con sus especificidades propias, se sustentan a la vez en competencias conversacionales. Podrán desarrollarse nuevos procedimientos de venta o de negociación, que modifiquen por completo la manera en que realizamos esas acciones, pero las competencias involucradas en el ciclo de hacer y cumplir una promesa serán fundamentalmente las mismas.

En tercer lugar, está el hecho de que las competencias conversacionales a las que aludimos incluyen, por ejemplo, dos procesos conversacionales complementarios, como lo son el proceso de aprendizaje (el aprender a aprender) y el proceso de reflexión práctica (que identifica obstáculos y posibilidades). Este tipo de procesos conversacionales están en la base de nuestra capacidad para adquirir cualquier otro tipo de competencias y de mejorar aquellas competencias que ya poseemos. Es más, estos procesos sustentan también nuestra capacidad de innovación, motor de las transformaciones y base del propio fenómeno de la obsolescencia. Todo ello nos conduce a calificar a este tipo de competencias como competencias genéricas.

La distinción entre competencias concretas específicas y competencias genéricas va a tener un impacto importante en la educación. El mundo de hoy nos demanda, con una urgencia creciente, que nos desplacemos de una educación orientada hacia el desarrollo de competencias concretas, hacia una educación orientada a la generación de competencias genéricas.

La primera, como nos reitera Ackoff, es capacitación, es instrucción, pero no es una educación formativa. No le entrega a los alumnos un sustrato de competencias más profundo, que les permita desenvolverse adecuadamente en un mundo en transformación permanente. No les entrega capacidad de discernimiento. No les entrega tampoco las herramientas que les permitirán manejarse mejor en su vida.

Parte importante del trabajo que durante varios años Newfield Consulting ha realizado con el Instituto Tecnológico y de Estudios Superiores de Monterrey (ITESM), de México, se ha orientado precisamente en la dirección de formar a los maestros para que, al impartir sus clases, no sólo entreguen conocimientos y competencias en el ámbito de sus disciplinas particulares, no sólo se limiten a educar a sus alumnos en competencias que exhiben un alto riesgo de obsolescencia, sino que desarrollen simultáneamente en ellos competencias genéricas, competencias que les permitan manejarse mejor en un mundo por venir.

A continuación, examinaremos las relaciones que se establecen entre algunas de estas competencias conversacionales y la confianza. No haremos un tratamiento exhaustivo que establezca dicha relación para todas las competencias conversacionales con las cuales normalmente trabajamos. Ello puede ser objeto de un trabajo distinto y muy extenso, que nos desviaría del propósito más restringido de este trabajo.

La confianza y el dominio de la sinceridad

Cuando estamos conversando con alguien, participamos simultáneamente de dos conversaciones diferentes. La primera es la conversación que tenemos con el otro y en la que cada uno le dice al otro diversas cosas. Esta conversación, que podría ser registrada por una grabadora, es nuestra conversación pública. Pero a la vez que estamos en esa conversación pública, también participamos de otra que tenemos con nosotros mismos, que incluye las cosas que nos decimos mientras hablamos con el otro, y que no siempre revelamos en nuestra conversación pública. Esta segunda conversación es nuestra conversación privada.

Uno de los méritos de Chris Argyris ha sido investigar estas dos conversaciones, las relaciones que ellas mantienen entre sí y las consecuencias que resultan de estas relaciones en la dinámica conversacional y en el nivel de desempeño de una organización. Pues bien, esta relación entre la conversación pública y la privada tiene un gran efecto en la confianza.

Cuando quien escucha lo que otro dice y considera que su discurso público es incongruente con lo que se está diciendo a sí mismo en su conversación privada, muy posiblemente desarrollará un problema de confianza hacia quien está hablando. Si se me pregunta por algo que conozco y sostengo que no lo conozco; si sabiendo que determinados sucesos acontecieron de una determinada manera digo que acontecieron de otra; si cuando se me pide algo digo que acepto hacerlo, mientras me digo a mí mismo que no lo voy a hacer, en todos esos casos, comprometo la confianza que los demás tendrán en mí. Estoy promoviendo que no le asignen valor a mi palabra. Es el cuento de Juanito y el lobo. Más adelante, podrá pasarme que diré determinadas cosas y los demás me mirarán con cara de incredulidad. He perdido credibilidad y mi palabra ha perdido poder.

La palabra es una de las cosas más preciadas de que disponemos los seres humanos. Pero ese poder, ese valor, se sustenta en la confianza que los demás tengan en nosotros. Cuando lo que digo públicamente contradice lo que pienso, comprometo esa confianza. En este caso, sin embargo, no se trata de un problema de competencia. No se miente, por ejemplo, por no saber decir la verdad. No se oculta algo porque no seamos competentes para decirlo. No es competencia lo que hace falta para hacer coherente lo que decimos con lo que pensamos.

El problema de la confianza, en este caso, no reside en el dominio de la competencia, sino en *el dominio de la sinceridad*. Mientras la competencia pertenece al dominio de nuestra capacidad de acción, la sinceridad corresponde al dominio de la ética, desde el cual definimos el tipo de relaciones que establecemos con los demás. Ambos, de manera diferente, nos llevan a sentirnos vulnerables y comprometen nuestra confianza.

La sinceridad consiste en la coherencia entre lo que digo y lo que pienso (lo que me digo a mí mismo en mi conversación privada). Si me consideran sincero, se incrementará la confianza que los demás depositen en mi palabra; si soy visto como insincero, se destruirá esa confianza. Cada vez que ejecutamos una acción de lenguaje ponemos en juego nuestra sinceridad y afectamos, para bien o para mal, la confianza depositada en nosotros.

Es importante advertir que no estamos abogando por decir todo lo que pensamos. Cada individuo tiene derecho a la privacidad, a mantener para sí algunas de las cosas que piensa. Una cosa es decir todo lo que pensamos y algo diferente es que lo que digamos sea coherente con lo que pensamos. Muchas veces podemos callar algunas de las cosas que pensamos, sin que por ello lo que optamos por decir sea necesariamente incoherente con lo que pensamos.

Muchas otras veces, optamos por decir cosas que contradicen lo que pensamos porque estamos privilegiando un determinado valor por sobre el de sinceridad. Hablar, no lo olvidemos, es actuar y conlleva consecuencias de las que debemos hacernos cargo. Hablar no es inocente. Asumir las consecuencias de lo que decimos es también un aspecto importante desde el punto de vista de sus efectos en la confianza, y debemos discernir qué queremos compartir con otros y qué no queremos compartir. No asumir esas consecuencias hace irresponsable nuestro hablar y lo convierte en una acción que se realiza sin hacernos cargo de los resultados que con ella provocamos. Pero cada vez que optamos por un hablar que distorsiona lo que pensamos, corremos el riesgo de comprometer la confianza que los demás tendrán en nuestra palabra.

Un criterio importante para evaluar lo que decimos y lo que callamos es preguntarnos por su pertinencia dentro del dominio de coordinación de acciones que mantenemos con los demás. Garantizar la confianza de quienes coordinan acciones con nosotros es un factor clave a considerar. Pero no es el único. También nos mueve a veces el interés por potenciar ese dominio de coordinación de acciones, por lograr que aumente el nivel de desempeño del otro o del equipo. Para ello puede ser importante compartir determinados juicios críticos, para así abrir posibilidades de corrección y aprendizaje.

La confianza y su relación con algunas competencias conversacionales

Cabe examinar, sin embargo, cómo se relaciona la manera como ejecutamos algunas competencias conversacionales con la confianza, *dentro del dominio de competencia*. Como indicamos con anterioridad, no trabajaremos con el registro completo de competencias conversacionales con el que normalmente operamos, si bien todas ellas tienen algún impacto en la capacidad de construir o destruir confianza.

1. La efectividad del escuchar

Si considero que alguien no escucha adecuadamente, ello sin duda afectará la confianza que esa persona me inspire. Si, por ejemplo, tengo que pedirle algo, es posible que no esté seguro de si hará lo que espero o aparecerá con algo diferente. Si comparto con ella un asunto que considero importante, no sabré si realmente entendió lo que he dicho o lo malinterpretó, y si lo ha hecho, si es posible que realice acciones muy diferentes de las que yo hubiese esperado. Ello evidentemente resentirá mi confianza en ella. Lo mismo ocurrirá si considero que cuando esa persona habla no se preocupa por confirmar si se la ha interpretado. Las consecuencias que esto puede desencadenar también pueden traducirse en una disminución de la confianza. Inversamente, si esa persona escucha y comprende perfectamente y se preocupa por la efectividad del escuchar de los demás, éste será un factor que acrecentará la confianza que provoque.

2. La veracidad en el manejo de la información

Cuando hablamos del manejo de información estamos en el territorio de las competencias conversacionales que llamamos *afirmaciones*. Las afirmaciones, hemos sostenido, son aquellos actos de lenguaje que procuran registrar, describir o dar cuenta del estado del mundo. Son, por excelencia, el acto lingüístico descriptivo. No por ser descriptivas, sin embargo, ellas dejan de ser una acción (la de describir o registrar), ni dejan de tener un gran efecto sobre otras acciones que emprendemos.

La toma de decisiones suele apoyarse en la información (en afirmaciones) de que disponemos. Ellas nos muestran el mundo en el que actuaremos. Saber que algo ocurrió (afirmación) puede llevarnos a emprender una acción muy diferente que si no estuviéramos informados de ese hecho. Las afirmaciones, por lo tanto, tienen el poder de iluminar el territorio donde actuaremos y, a partir de ellas, podremos descubrir caminos que antes no veíamos u otros que sería conveniente evitar. De allí la importancia de estar informados.

Cada vez que hacemos una afirmación, asumimos el compromiso de que sea verdadera. Toda información puede ser verdadera o falsa. Si descubrimos que alguien se caracteriza por proporcionar informaciones falsas, ello evidentemente afectará nuestra confianza en esa persona. No nos sentiremos seguros para utilizar la información proporcionada por ella, en nuestras tomas de decisiones. No decimos que se trate de un problema de sinceridad. Es muy posible que esa persona crea en la veracidad de sus afirmaciones. El problema es diferente: sólo se trata de una persona que no verifica minuciosamente la información que entrega, no busca evidencias antes de entregarla, no se preocupa por conversar con testigos, etcétera. ¿Qué confianza podría darnos un periódico que entregue información que no ha sido adecuadamente verificada y que, a menudo, es desmentida?

3. Falta de atribuciones e inconsistencia en la toma de decisiones

Cuando hablamos de toma de decisiones ya no estamos en el terreno de las afirmaciones, sino en el de las *declaraciones*. Tal como lo hemos explicado a menudo, a diferencia de las afirmaciones, las declaraciones no dan cuenta del estado del mundo; tienen el poder de transformarlo. Cada vez que tomamos una decisión (y las decisiones son una modalidad de las declaraciones), el mundo es modificado. Para que las declaraciones sean válidas, es necesario tener la autoridad correspondiente. Existen muchas declaraciones para las que todos tenemos autoridad. Hay otras, sin embargo, para las cuales sólo algunos disponen de autoridad.

Si observamos que alguien recurrentemente se confiere atribuciones que no le han sido otorgadas y toma decisiones para las que no está autorizado, se verá afectada la confianza que los demás tengan en él. Si, por otro lado, teniendo atribuciones para resolver, muestra ser inconsistente con las decisiones que toma y se comporta de una manera que es percibida como incongruente, nuevamente ello gravitará negativamente en la confianza que se tenga en él. Cuando, en el futuro, se le vea tomando una decisión, los demás muy probablemente sentirán una gran desconfianza frente a ésta.

4. La solidez en los juicios

Un área que es particularmente sensible respecto de la confianza es la que guarda relación con *los juicios*. Los juicios son una acción de lenguaje que nos permite orientarnos mejor en el futuro. Ellos se hacen precisamente para reducir el rango de contingencias posibles, de sucesos inesperados. Los juicios cumplen, por lo tanto, una función equivalente a la que tiene la confianza. Dicho de otra forma, *el poder y la importancia de los juicios consiste precisamente en su capacidad de generación de confianza*. No es difícil, por lo tanto, mostrar la relación entre ambos.

Los juicios disminuyen la incertidumbre en el futuro, haciendo referencia a las experiencias del pasado. Este procedimiento se denomina *fundamentación* de juicios. A través de la fundamentación de juicios logramos entrar en el futuro más seguros, más confiados. Resulta muy importante, por lo tanto, disponer de juicios fundamentados para así orientar nuestras acciones. Si en nuestro equipo trabajamos con alguien que se caracteriza por no fundamentar sus juicios, ¿qué confianza nos merecen sus recomendaciones? ¿Cómo tomaremos sus juicios? ¿Qué pensaremos de los cursos de acción que toma esa persona?

Hay muchas otras competencias relacionadas con los juicios, además de la fundamentación. Es importante, por ejemplo, saber recibir y entregar juicios críticos. Es lo que llamamos el arte de la retroalimentación. En el funcionamiento de un equipo, ésta es una competencia fundamental de la que dependerán, entre otras cosas, el tipo de relaciones de trabajo que se establezcan en él, la emocionalidad del equipo y su capacidad de aprendizaje y mejoramiento. Si los miembros de un equipo de trabajo no saben recibir y entregar juicios críticos, estarán condenados a enfrentar, tarde o temprano, límites a su capacidad de desempeño. Ello nos conducirá muy pronto a desconfiar de sus competencias como miembros de un equipo.

5. Las promesas y el dominio de la responsabilidad

No es posible hablar de la relación entre las acciones de lenguaje y la confianza, sin referirse a *las promesas*. Ellas representan también un área de gran influencia en la confianza. Cuando trabajamos las diferentes etapas, fases y la multiplicidad de competencias comprendidas en lo que llamamos "el ciclo de la promesa", destacamos que la confianza forma parte del corazón del ciclo. Cada una de estas etapas, fases y competencias asociadas a estas etapas y fases, afecta la confianza, haciendo que ésta crezca o disminuya.

En el ciclo de la promesa nos encontramos nuevamente con los dominios de la competencia y de la sinceridad. Si alguien me promete que hará algo y yo juzgo que es incompetente para hacerlo, difícilmente tendré confianza en él. Si, por otro lado, otra persona me hace una promesa pero tengo la sospecha de que en su conversación privada está diciendo que no va a ejecutar la acción prometida, evidentemente tampoco podré confiar en su palabra. Ambas situaciones me producirán desconfianza, ambas acrecentarán mi sensación de vulnerabilidad, pero las razones para desconfiar serán muy diferentes, así como serán distintas las maneras de encararlas. El problema de la competencia se puede enfrentar, por ejemplo, con el aprendizaje. El problema de la sinceridad posiblemente me lleve a cuestionar la relación que mantengo con esa persona.

La promesa abre un dominio adicional, además de la competencia y la sinceridad, en el que la confianza se ve comprometida. Alguien puede prometerme que va a hacer algo y puedo juzgar que es competente para hacer lo que promete y que, en ese momento, es sincero en su disposición a cumplir. Sin embargo, sucede que, cuando hacemos una promesa, suele pasar algún tiempo entre el momento en el que la promesa se hace y el momento en el que se cumple. Y puede suceder que la persona que hizo una promesa tenga una historia de incumplimientos reiterados. Una vez que promete, asume otros compromisos, modifica sus prioridades, se distrae con otras cosas y termina por no cumplir.

Su incompetencia no se encuentra en su capacidad de ejecutar la acción que prometió. Esta es una acción que podría hacer sin problemas. Su gran incompetencia radica en el incumplimiento de sus promesas. Cuando observamos este tipo de dificultades, hablamos del *dominio de la responsabilidad*. Diremos que es una persona competente, diremos que no hubo un problema de sinceridad en el momento en que prometió, pero sostendremos que se trata de una persona irresponsable, pues no suele cumplir lo que promete. Como podemos apreciar, se trata de un dominio diferente de los dos primeros.

Confianza, sistema y comportamiento

De lo que hemos visto podemos concluir que, si queremos diseñar condiciones para la creación de relaciones de trabajo fundadas en la confianza, tendremos que poner atención en dos aspectos. En primer lugar, tendremos que revisar la estructura y la cultura del sistema que es la organización. Hay sistemas que obstruyen la generación de condiciones de confianza, que estimulan relaciones altamente competitivas y antagónicas entre sus miembros. Hay, en cambio, sistemas que promueven la confianza, que obligan a los individuos a desarrollar confianza entre sí, como condición para tener éxito. Sin el desarrollo de relaciones de confianza sus miembros no logran alcanzar las metas requeridas por el sistema. El sistema, con su estructura y su cultura, es por tanto un aspecto en el que es indispensable poner atención.

El segundo aspecto es el desempeño de las personas, de los miembros del sistema, y las competencias que exhiben en su desenvolvimiento. Es importante, por ejemplo, examinar las competencias concretas de cada uno, requeridas de manera específica para el cumplimiento de sus tareas. Pero incluso más importantes que ellas son las competencias conversacionales que hemos abordado en la parte final de este trabajo. La confianza no es sólo el resultado de buenas intenciones. Ésta se sustenta en competencias genéricas que requieren ser aprendidas y estimuladas. Sistema y comportamiento son las dos grandes áreas que requieren ser examinadas y en las que tendremos que diseñar acciones, si queremos crear organizaciones de nuevo cuño, si deseamos construir organizaciones sustentadas en la confianza, pero, por sobre todo, si en las condiciones actuales, buscamos crear condiciones para elevar sistemáticamente el nivel de desempeño de nuestras organizaciones.

BIBLIOGRAFÍA

Ackoff, Russell L., *On Learning and the Systems That Facilitates It, Reflections*, Vol.1, Number 1, 1999.

Argyris, Chris, Robert Putnam & Diana McLain Smith, *Action Science*, Jossey-Bass, San Francisco, 1985.

Argyris, Chris, *On Organizational Learning*, Blackwell, Cambridge, MA, 1992.

Austin, J.L., *Cómo hacer cosas con palabras*, Paidós, Barcelona, 1982 (1962).

Bennis, Warren, *Convertirse en líder de líderes*, en Rowan Gibson (Ed.) *Preparando el Futuro*, Ediciones Gestión 2000, Barcelona, 1997.

Blanchard, Ken, *La pirámide organizacional puesta al revés*, en Hesselbein, F., M. Goldsmith & R. Beckhard (Eds.), *El líder del Futuro*, The Drucker Foundation, Deusto, 1996.

Davenport, Thomas H. & Laurence Prusak, *Working Knowledge*, Harvard Business School Press, Boston, 1998.

Drucker, Peter F., *The New Productivity Challenge*, en *Managing for the Future*, Truman Talley Books, N.Y., 1993.

Drucker, Peter F., *Management Challenges for the 21st Century*, HarperBusiness, N.Y., 1999.

Echeverría, Rafael, *Crítica al concepto de trabajo de Marx*, Documento de trabajo, Facultad Latinoamericana de Ciencias Sociales (FLACSO), Santiago, 1982.

Echeverría, Rafael, *El Búho de Minerva*, Dolmen, Santiago, 1993.

Echeverría, Rafael, *Ontología del Lenguaje*, Dolmen, Santiago, 1994.

Flores, Fernando, *Inventando la Empresa del Siglo XXI*, Dolmen, Santiago, 1989.

Flores, Fernando, *Creando Organizaciones para el Futuro*, Dolmen, Santiago, 1994.

Frankl, Victor E., *Man's Search for Meaning*, Simon & Shuster, N.Y., 1984.

Hammer, Michael, *Más Allá del Fin de la Gestión Empresarial*, en Rowan Gibson (Ed.), op.cit.,1997.

Hayakawa, S.I. & Alan R. Hayakawa, *Language and Thought*, Harcourt Brace & Co., N.Y., 1990.

Heidegger, Martin, *Being and Time*, Harper & Row, N.Y., 1962.

Heidegger, Martin, *On the Way to Language*, Harper & Row, San Francisco, 1982.

Kanigel, Robert, *The One Best Way: Frederick Winslow Taylor and the Enigma of Efficiency*, Viking, N.Y., 1997.

Luhmann, Niklas, *Confianza*, Anthropos, Barcelona, 1996.

Reich, Robert B., *The Work of Nations*, Alfred A. Knopf, N.Y., 1991.

Rummler, G.A. & A.P. Brache, *Cómo Mejorar el Rendimiento en la Empresa*, Deusto, Madrid, 1994.

Senge, Peter, *La quinta disciplina*, Ediciones Granica, Barcelona, 1995.

Shiba, Shoji, Alan Graham & David Walden, *A New American TQM*, Productivity Press, Portland, Oregon, 1993.

Schön, Donald A., *The Reflective Practitioner*, Basic Books, N.Y.. 1982.

Taylor, Frederick W., *The Principles of Scientific Management*, Norton, N.Y., 1967 (1911).

Will, George W., *A Faster Mousetrap*, The New York Times Book Review, 15 de junio, 1997.

Yourcenar, Marguerite, *Memorias de Adriano*, Editorial Hermes, México, 1981.

ACERCA DEL AUTOR

Fundador de Newfield Consulting, empresa consultora y de formación gerencial que opera en los Estados Unidos, España, Venezuela, Argentina y Brasil, que lidera a nivel mundial diversos programas de formación en *coaching organizacional*, así como programas de formación de directivos en *competencias conversacionales* para la construcción de equipos de alto desempeño. Entre sus productos más importantes se destaca el programa internacional "*The Art of Business Coaching*", ofrecido todos los años en español.

El Dr. Echeverría es originalmente sociólogo de la Universidad Católica de Chile y Doctor en Filosofía de la Universidad de Londres. Ha sido profesor en diversas universidades y consultor de la UNICEF y de la Oficina Internacional del Trabajo de las Naciones Unidas. Es miembro de número de la Academia Mundial de Arte y Ciencia.

Ha colaborado en el diseño de programas de formación de directivos para el Center for Quality of Management (CQM), en Boston, y participa en el desarrollo de la Society for Organizational Learning (SoL) Internacional, que dirige Peter Senge. Durante los últimos años, ha sido asesor del Instituto Tecnológico y de Estudios Superiores de Monterrey (ITESM), en México, ha desarrollado programas de formación para docentes y directivos, y ha sido consultor de la Comisión Nacional de Ciencia y Tecnología (CNPq) del Brasil.

En sus programas han participado empresas y organizaciones tales como Hewlett Packard, Polaroid, Intel, Sun Microsystems, Analog Devices, Bose Corp., Teradyne, Lotus Development, W.R. Grace, BBN, Keane Inc., Colgate-Palmolive, Black & Decker, SAP de México, Cemex, Banco Central de Venezuela, Petróleos de Venezuela S.A., Siderúrgica del Orinoco, La Electricidad de Caracas, Telecom de Argentina, el Instituto de Desarrollo Tecnológico de Chile, entre muchas otras.

Entre sus múltiples publicaciones destacan los libros *El búho de Minerva: Introducción a la filosofía moderna* (1990) y *Ontología del lenguaje* (1994). A través de esta nueva obra, *La empresa emergente, la confianza y los desafíos de la transformación*, el Dr. Echeverría nos da a conocer su propuesta en el ámbito empresarial.

Sus direcciones:
recheverria@newfieldconsulting.com
www.newfieldconsulting.com

9 789506 416492